마지막 1°C

내 인생의 뒤집기 한 판에 필요한

마지막 1℃

지은이 | 김재헌
펴낸곳 | 북포스
펴낸이 | 방현철

편집자 | 공순례
디자인 | 엔드디자인

1판 1쇄 찍은날 | 2013년 7월 25일
1판 1쇄 펴낸날 | 2013년 8월 02일

출판등록 | 2004년 02월 03일 제313-00026호
주소 | 서울시 영등포구 양평동5가 18 우림라이온스밸리 B동 512호
전화 | (02)337-9888
팩스 | (02)337-6665
전자우편 | bhcbang@hanmail.net

ISBN 978-89-91120-71-6 03190
값 14,000원

이 도서의 국립중앙도서관 출판시도서목록(CIP)은 e-CIP 홈페이지(http://www.nl.go.kr/ecip)와
국가자료공동목록시스템(http://www.nl.go.kr/kolisnet)에서 이용하실 수 있습니다.
(CIP제어번호: 2013011375)

· 내 인생의 뒤집기 한 판에 필요한 ·

마지막 1℃

김재헌 지음

북포스

99°C까지는
여전히 물일 뿐이다

성공하는 사람에게는 성공의 인자가 있다. 똑같은 조개라도 진주를 만들어내는 조개가 있고 자개로도 쓰지 못하는 조개가 있는 것처럼. 그리고 가치 있는 진주는 반드시 수집가가 알아본다.

그와 마찬가지로 진짜 실력을 갖춘 사람도 반드시 드러난다. 이를 옛사람들은 낭중지추(囊中之錐)라 했다. 즉, 주머니 속의 송곳처럼 언젠가는 그 존재가 알려진다는 의미다. 그래서 인재는 초야에 묻혀 있어도 귀인이 찾아온다. 세상에는 모든 것을 팔아 소유하고픈 유혹을 주는 귀중한 것이 있다. 그것에는 거부할 수 없도록 강력한 끌림이 있다. 진주와 다이아몬드처럼 아름다운 성공 역시 그렇다. 한 번뿐인 인생, 성공을 원한다면 성공한 이들이 가졌던 유전자를 발견해 내 몸에 이식해야 한다.

그리스어에서 창조는 '파토스(pathos, 情)＋에토스(ethos, 信)＋로고스(logos, 靈)'라는 절묘한 삼박자로 성립된다고 본다. 이들의 조화(調和, harmony)가 있을 때 새로운 변화가 나타난다. 그것을 한마디로 표현하면 '신령창의(信靈創意)'가 된다. AGTC의 무한조합으로 이뤄지는 당신의 유전자 속에 신령창의라는 네 가지가 이식되어야 한다. 신령창의가 내면에서 융합되면 인생이 달라진다.

신령창의가 이식된 사람은 어디에 있어도 드러난다. 또 그런 사람이 개국(開國), 개시(開始), 개통(開通), 개설(開設), 개업(開業)하면 언제나 성공한다. 당신은 무엇을 개시하고 개통하고 개설하고 개업하고 싶은가?

나는 단순한 칼슘이 진주가 되는 자연의 법칙이 인생에도 적용된다는 것을 깨달았다. 진주뿐이랴. 성공과 부의 상징인 다이아몬드 역시 탄소복합물일 뿐이다. 하지만 화산이 폭발할 때 그 뜨거운 용암 속에서 열과 압력에 의해 고도로 농축되고, 극한의 고통을 견뎌낸 결과 만들어진 것이 다이아몬드다. 그러므로 이 세상 최고의 보석이 된다. 하지만 같은 색깔, 같은 모양을 가진 다이아몬드는 존재하지 않는다. 인생도 그렇다. 고통을 견뎌낸 후에만 손에 쥘 수 있는 눈부신 성공은 따로 있다.

성공하는 사람은 대부분 영감을 체험한다. 영적인 세계까지 다가가는 몰입을 경험한다. 그곳에서 영감이 나오고 계시가 나타난다. 그리고 나만의 독창성이 나타난다. 나는 그것을 진주를 만드는 핵과 같다고 생각하며, 영감을 얻는 사고를 신령창의적 사고라고 부른다.

　그것은 아무것도 없는 진공상태에서는 생기지 않는다. 몰입을 경험한 사람에게만 생기며, 인문학적 소양을 가진 사람에게는 영감이 더 크게 작용한다. 이른바 의식의 혁명을 겪게 된다.

　이렇게 만들어진 나만의 오리지널을 원천기술(源泉技術)이라 할 수 있다. 나만의 원천기술, 세상에 둘도 없는 독창적인 나만의 기술을 만들기 위해서는 DNA를 변형하듯 새로운 조합을 만들어야 한다. 이를 일컬어 구슬을 꿰는 작업, 관주위보(貫珠爲寶)라 한다. 관주위보의 작업, 즉 널려 있는 재료의 성격을 파악하고 그것들을 서로 어떻게 결합하여 새로운 발상과 패턴으로 엮어내느냐에 따라 명품이 탄생하는 것이다. 그러면 그 명품을 알아보는 사람이 곳곳에 나타나게 된다.

　그렇지만 가장 중요한 것은 그와 같은 명품을 만들려면 사생결단(死生決斷)의 때가 와야 한다는 것이고, 그 시점에 이르면 끝장을 봐야 한다는 것이다. 죽으라 노력하지만 결국엔 많은 일이 하나마나 하게 되어버리는 이유는 다른 차원으로 이끌어가는 마지막 1°C가 부족하기 때문이다. 이 책을 통해 당신은 농축된 핵이 진정한 위력을 내뿜게 되는 수많은 불길을 만날 것이다. 휘몰아치는 바람에도 사그라지지 않고, 오히려 그것을 원동력으로 삼아 또 다른 차원으로 도약하는 힘을 발견할 것이다.

2013년 여름
김재헌

개선이 아니라
창업을 하라

21세기에 넘겨준 20세기의 가장 큰 선물은
'탈경계(Cross-over)'라는 창의성에 대한 교훈이다.

- 서기흔, 《디자인 아포리즘, 사유》-

01

신창개업하라

: 창조와 도전은 같은 말이다 :

얼마 전 크리스티 경매에서 피카소의 그림 한 장이 최고가에 낙찰
되었다. 무려 1,800억 원이었다. 피카소가 그린 그림이 수만 장에
이르는데, 전부는 아니라도 10여 장만 있어도 1조 원이다. 피카소
라는 인재 한 명이 빈 종이에 몇 푼 되지 않는 물감과 창의력을 더
해 만들어낸 가치가 한국을 대표하는 대기업에서 수만 명의 직원
이 1년 내내 밤샘하며 벌어들인 순수익과 맞먹는다.

창의력이 개인뿐 아니라 국가 경제를 이끄는 시대다. 영토 2만 제곱킬로미터로 우리나라의 경상남도보다 작은 땅덩이, 더욱이 그 땅조차 온통 사막과 돌산뿐인 척박한 환경에 안보까지 불안한 나라가 있다. 바로 이스라엘이다. 인구는 750만 명으로 전 세계 인구의 0.2퍼센트도 안 된다. 그렇지만 그 나라 사람들이 미국의 부를 17퍼센트나 차지하고 있다. 노벨상의 22퍼센트도 이 민족의 것이다. 그들의 창업을 주도하고 있는 히브리 대학교는 연간 1조 원의 특허매출을 기록한다. 그런데 비슷한 규모의 우리나라 연세대는 한 해 70억 원의 수익을 낼 뿐이다.

세계 최고의 창업 강국이자 특허보유국인 이스라엘이 그 정도의 성공을 이룬 바탕은 무엇일까? 창의력이다.

이스라엘은 중동에서 유일하게 기름이 나지 않는 나라다. 그래서 오직 지혜로만 먹고살아야 한다. 창조경제의 전도사 윤종록 교수는 말한다. 창의력이 생기려면 이스라엘의 후츠파(Chutzpah)정신을 배워야 한다고. 여기서 후츠파란 '뻔뻔한, 당돌한, 철면피'라는 뜻의 이스라엘 말로, 형식과 권위에 얽매이지 않고 서슴없이 질문하고 토론하면서 해법을 찾아가는 창조정신을 뜻한다.

지금을 C의 시대라고 한다. 인류 문명사가 A의 시대와 B의 시대에 이어 C의 시대에 이르렀단 뜻이다. A는 'Army age', 즉 군사력이 곧 경제력이던 시대를 말한다. 과거 정복기부터 근세 식민지 시대까지 군사력이 경제를 지탱하는 근간이었다. 하지만 곧 B의 시대가 도래한다. B는 'Business age'다. 이른바 자본주의 시대, 비즈니스의 시대를 가리킨다. 하지만 이 B의 시대는 2009년 몰아닥친 미국발 금융 위기로 거의 종말을 맞고 있다. 이제는 C의 시대, 곧 'Contents age(콘텐츠의 시대)'다. 창의력으로 만들어낸 무궁무진한 콘텐츠가 미래의 부를 결정한다. 이건희 회장의 말처럼 C의 시대는 뛰어난 1명이 150만 명을 먹여 살리는 시대다.

현재 우리가 사용하는 수많은 기술 중에는 이스라엘이 원천특허를 보유하고 있는 것이 많다. 예컨대 전자결제를 할 때 필요한 보안기술의 핵심특허는 대부분 이스라엘 것이다. 그 기술을 사용하는 사람은 사용할 때마다 특허료를 내야 한다. 그러니 물건이 많이 팔릴수록 특허권 보유국은 더 많은 돈을 벌어들인다. 이스라엘은 10년 먼저 투자해서 기술을 개발한다. 그러고는 가만히 있다가 10년쯤 지나면 특허권을 주장해서 돈을 챙긴다.

윤종록 교수는 말한다. "제품에 서비스를 더하고, 서비스에 솔루션을 더하면 어마어마한 가치가 창출된다. '창조경제'는 이런 방향으로 나아갈 때 가능하다."

창조와 도전은 같은 의미를 가지고 있다. 실패를 예상하지 않으면 결코 새로움을 창조할 수 없다. 그래서 유대인들의 후츠파정신은 도전과 실패를 포함한다. 후츠파정신의 일곱 가지 요소는

Informality(형식 타파), Questioning Authority(질문할 권리), Mashing up(섞임), Risk Taking(위험감수), Mission Orientation(목표지향), Tenacity(끈질김), Learning from Failure(실패로부터 배우기) 등이다.

　어떤 사람은 '창의력' 하면 각자 자기 멋대로 생각하는 능력인 줄 안다. 하지만 그것은 창의력이 아니라 상상력이다. 그리고 전혀 존재하지 않는 것을 생각해내는 능력은 공상력이라고 할 수 있다. 창의력은 모두가 공감할 수 있는 기본 토대 위에 새롭게 세워지는 생각이다. 한 사람의 창의력은 혁신을 이끌고, 그 혁신으로 말미암아 만민이 혜택을 누리게 된다. 그래서 지금의 시대엔 새로운 것을 창조하는 '신창'이야말로 개인이 가장 먼저 갖추어야 할 자질이다.

: 새로운 창의와 패턴 연결 :

지난 10년간은 PC가 인터넷을 기반으로 사람과 사람 사이를 연결했다. 그런데 앞으로 몇 년은 센서를 내장하여 제품에 지능을 불어넣음으로써 기계와 사람, 사람과 사람 사이가 연결되는 시대가 될 것이다. 최근 구글이 선보인 '말하는 신발'이 대표적인 예다. 신발이 상황에 따라 주인에게 이런저런 말을 걸기도 하고, 소모열량이나 운동거리 등의 정보를 알려주어 건강을 체크할 수 있게 한다.

　또 머지않아 스마트폰도 획기적으로 달라질 것으로 보인다. 들고 다니던 기계에서 착용하는 기계, 나아가 신체의 일부가 될 것이다. 손목시계나 목걸이 형태로 몸에 부착되면서 센서기능이 추가될 것이다. 날씨에 맞는 옷과 내 체질에 맞는 색깔 등의 정보를 제공하게 될 것이고, 어떤 음식을 먹을 때 일어나는 생체반응 데이터를 분석해 내 몸에 맞는 음식을 지정해주기도 할 것이다. 즉, 센서를 통해 내 몸과 관련한 다양한 자료를 분석해 적절한 정보를 제공해주는 비서가 될 것이다. 또한 내 몸의 운동 상태와 건강 상태를 체크해서 실시간으로 저장하고, 그 데이터를 나의 주치의에게 제공하게 될 것이다.

시대적인 변화와 트렌드의 변화는 문명의 도구들이 새롭게 발명되면서 그 현상에 가속도가 붙는다. 빌 게이츠는 생텍쥐페리의 자전적 회상록《바람과 모래와 별들》을 인용하면서 다음과 같이 이야기했다.

"생텍쥐페리는 사람들이 새로운 기술에 보이는 반응에 대해서 쓰면서 19세기 말에 등장한 철도가 서서히 수용되는 과정을 예로 들었다. 연기를 토하며 굉음을 지르는 기관차가 처음 등장했을 때 사람들은 이것을 철(鐵)괴물이라며 손가락질했다. 그러나 철로는 꾸준히 깔렸고 도시마다 기차역을 지어갔다. 물자와 서비스가 그곳으로 넘나들었다. 멋진 일자리가 새로 생겼다. 새로운 운송수단을 중심으로 하나의 문화가 발전하면서 경멸은 수용으로, 심지어는 찬성으로 바뀌었다. 한때는 철괴물로 불리던 것이 가장 중요한 물자를 실어 나르는 강력한 운송수단이 되었다. 인식의 변화는 우리가 쓰던 말에 어김없이 반영되었다. 사람들은 그것을 철마라고 부르기 시작했다. 매일 저녁 여섯 시면 찾아와 공손히 기적을 울리는 친구가 없다면 마을 사람들은 무슨 낙으로 살겠는가? 생텍쥐페리는 이렇게 묻는 것이다."

빌 게이츠의 말마따나 한때 철괴물로 불리던 기차는 잠시 자동차의 편리성에 밀리고 비행기의 속도에 밀리는 듯했지만 이제 고속철도라는 새로운 패러다임에 의해 철도 르네상스 시대를 맞고 있다. 이처럼 새로운 창조는 무질서 속에서 패턴을 찾고 복잡한 것에서 규칙을 찾는 것으로부터 시작한다. 기존의 패턴에서 전혀 다른 패턴을 만들기도 한다. 그리고 이것이 새로운 세계를 창출하는 동력이 된다.

현대물리학의 아버지로 불리는 닐스 보어는 이미 알고 있는 지식을 단순한 패턴으로 분석했다. 그리고 그것을 응용해 새롭고 다양한 패턴으로 답을 만들어냈다. 이미 알고 있는 것으로부터 패턴을 찾고 그것을 만들어 사용하는 것이다. 따라서 새로운 패턴에는 정답이 없다. 과학, 예술, 음악 등 모든 분야의 위인이 이를 사용했다.

새로운 패턴을 제시하고 창의적인 발상을 하고 새로운 일을 시작하는 것은 당대 사람에게는 때로 기괴하게 비친다. 그래서 대개 손가락질을 당하거나 미친 짓이라는 소리를 듣는다. 하지만 이내 사람들은 그것을 수용하고 익숙해지며, 나중엔 없으면 불편해하는 일을 반복한다.

그러니 기왕이면 변신을 꾀하거나 리모델링하는 수준을 넘어 새로운 창업을 꿈꾸어야 한다. 때론 손가락질을 받을 것도 각오해야 한다. 그래서 오히려 바닥을 경험한 사람들이 완전히 새로운 것을 더 잘 만들어낸다. 기존의 체제는 너무나 심한 경쟁 때문에 더는 블루오션이 될 수 없으며, 완전히 새로운 체제는 그곳을 벗어나야 만들 수 있기 때문이다.

환경이 어렵다고 포기하거나 움츠러들면 더는 창조적인 생각이 나오지 않는다. 사고가 경직되지 않아야 신창개업할 수 있다. 낡은 틀을 깨고 새로운 발상으로 나가는 모험이 없이는 창조가 있을 수 없다. 네모난 것 일색이던 기존의 틀을 깨고 안상수체라는 글씨체를 만들어낸 안상수 교수가 대표적인 예다. 하나의 패턴도 창조적인 사람에 의해 수없이 다른 모습으로 새롭게 태어날 수 있다.

: 주도자가 되라 :

창업의 이점은 주도자가 된다는 것이다. 주도자는 시장을 만들고 가치를 결정하는 주체다. 최초로 시장을 선점하여 이득을 얻는

'first mover advantage', 즉 선점 효과를 누릴 수 있다. 바꿔 말하면, 주도자가 되려면 남들이 미처 생각지 못한 창의 지역을 찾아야 한다는 얘기다.

위니아만도는 사람들에게 김치냉장고와 에어컨으로 잘 알려진 회사다. 특히 '딤채'는 김치냉장고 시장점유율 1위일 뿐만 아니라 브랜드 파워에서도 1위를 고수하고 있다. 전신인 만도기계 시절에는 상용차 에어컨이나 히터, 라디에이터 등을 업체에 납품하는 차량용 공조부품 전문회사였다. 하지만 시장이 확대되지 못했기에 살아남기 위해 길을 찾아야 했다.

그런 상황에서 당시 일곱 명의 본부장 중 한 사람이었던 황한규 사장이 딤채 아이디어를 냈다. 물론 아이디어 단계에서부터 성공을 확신한 것은 아니었다. 실패해도 좋으니 한번 해보라는 말을 듣고 시작한 것이 결국 누구도 예상치 못했던 새로운 시장의 창출이라는 놀라운 성공을 만들어낸 것이다.

먼저 우리에게 있는 것, 즉 재능(talent)을 보자. 그것을 계발하고 기술화(skill)하여 발전(develop)시킬 때 원천기술(original contents)을 만들 수 있다. 오리지널로서 일단 1등으로 각인되면 그 아성은 좀처럼 무너지지 않는다.

김치는 온 국민의 음식이다. 따라서 소비층이 두텁고 김치냉장고는 틈새 제품이라 경쟁자도 별로 없었다. 문제는 김치의 맛을 어떻게 살릴 것인가 하는 점이었다. 그 점을 알게 된 때부터는 김치 냉장고가 아니라 김치를 집중적으로 연구하기 시작했다. 김치는 우리가 늘 먹어오던 음식이므로 맛있게 만들기가 쉬울 것 같지만, 결코 그렇지 않았다. 1만 포기가 넘는 김치를 담았고, 점심때마다 김치 반찬에 라면을 먹으면서 맛을 연구하기도 했다. 자나 깨나 앉으나 서나 김치 생각뿐이었음에도 해답은 쉽게 발견되지 않았다. 하지만 젖 먹던 힘까지 모두 짜내 마지막 1℃를 올린 순간, 그는 전혀 다른 차원으로 들어섰다.

딤채는 김치냉장고의 선발 주자였고, 그래서 1등만이 얻을 수 있는 혜택을 마음껏 누리게 되었다. 하지만 기존에 없던 제품이라 소비자들에게 파고들기가 쉽지는 않았다. 그래서 테스트 마케팅을 했다. 일단 써보고 마음에 들면 사라는 것이었다. 수도권의 소비자 단체, 요리사, 정·재계 여성 인사와 서울 시내 대단지 아파트 부녀회장들로 목록을 만들었더니 3천 명 정도, 이들을 대상으로 승부를 걸었다.

없는 시장을 만들어내는 것이 이 시대의 관건이다. 이것이 신창개업(信創開業)이다. 딤채의 성공사례는 국내뿐만 아니라 외국에서도 유명하다. 영국 헐 대학교 경영대학원의 교재에 '만도: 골리앗과 싸운 다윗'이라는 제목으로 7쪽에 걸쳐 자세히 실리기도 했다. 딤채는 첫해인 1995년 4천 대를 시작으로 이듬해 2만 대에 이어

2002년에는 74만 대가 팔려나갔다. 결국 원래 사업보다 파생사업이 더 많은 돈을 벌어들이게 되었다.

팻 맥라건은 《바보들은 항상 결심만 한다》에서 "많은 사람이 두려워하는 '변화'의 실체를 밝힘으로써 긍정적이고 건설적인 방향으로 변화하는 힘을 키워주어야 한다"고 했다.

그런데 한 분야를 이끌어가며 기세등등하던 기업들도 대부분 창업 당시의 절절했던 정신을 잊어버리고 옛 영광만 그리워하다 삼류로 전락해버린다. 처음에는 'mission(사명)'으로 시작했지만 점차 'management(관리)'만 하고, 그러다가 'mannerism(매너리즘)'에 빠져 마침내 'museum(박물관)'으로 변하기 때문이다. 꿈과 비전을 상실하고 '관리'만 하려 들면 결국 '매너리즘'에 빠지고 역사의 유물, 즉 문명의 시체를 전시하는 '박물관'으로 변하는 것이다.

한때 잘나가던 기업들이 후발 주자에게 뒤처지거나 시장에서 퇴출당하는 사례를 분석해보면, 외부 환경의 변화에 둔감한 리더십이 실패의 주요 원인인 예가 상당수다. 변화와 개혁에 둔감한 리더들은 퇴출당하기 마련이다. 그러니 우리는 신창개업을 위해 새로운 패턴을 만드는 새로운 생각을 시작해야 한다.

은퇴하면 쉬고 논다는 것은 맞지 않는 말이다. 은퇴를 영어로 'retire'라고 한다. 타이어 갈아 끼우고 다시 달리자는 것이다. 새롭게 무장하여 다시 한 번 창의력으로 창업해야 한다.

02

절체절명이
창의를 부른다

: 벼랑 끝에 나를 세워라 :

사생결단의 또 다른 이름은 절체절명이다. 절체절명의 순간에 서
면 새로운 살길이 열린다. 파코메리 박형미 회장은 이렇게 말했다.
"나는 '벼랑 끝'이라는 말을 좋아한다. 절체절명의 위기, 혹은 기회
가 올 때마다 나는 나 자신을 항상 벼랑 끝에 세웠다. 밀리면 끝장
이기 때문에 아무리 거센 바람이 휘몰아쳐도 나는 절대 밀릴 수가
없었다. 오히려 더 힘이 났다."

창의적인 사람들은 항상 벼랑 끝 운명에 도전한다. 일부러 밑바닥으로 내려간다. 안주하지 않기 위해서다. 중세 이전, 지도가 없던 시절에는 사람들이 고향을 떠나기를 두려워했다. 너무 멀리 갔다가 집을 찾아오지 못할 수도 있다고 생각했기 때문이다. 하지만 그 와중에도 새로운 세상을 찾아 떠나는 사람들은 있었다. 그들은 새로운 대륙을 발견했고 그곳을 개척하여 차지했다. 우리도 그들처럼 유목민의 기질인 '노마드 마인드'를 가져야 한다.

돌궐제국을 부흥시킨 명장 톤유쿠크(Tonyuquq)의 비문에는 다음과 같이 쓰여 있다. "성을 쌓고 사는 자는 반드시 망할 것이며, 끊임없이 이동하는 자만이 살아남을 것이다."

김종래는 《칭기스칸의 리더십 혁명》이란 책에서 '성을 쌓는 데에 급급한 자'에 대해 이렇게 말했다. "그들, 정착민이란 하지 말아야 할 일과 안 해도 될 일에 시간과 정력의 대부분을 허비하고, 겨우 남은 5~10퍼센트의 정열과 시간을 투자해서 꼭 해야 할 일을 하는 자들이다. 하지만 성을 넘어서 이동하는 자, 노마드들은 해야 할 일과 하고 싶은 일만 하는 인간들이다. 그중에서도 하고 싶은 일에 자신의 모든 것을 걸고 도전하는 인간형이다. 이처럼 세상은 성을 부수고 이동하는 이들에 의해서 확장되고 발전했다. 더욱 놀라운 것은 성을 쌓는 자들에게 일이 맡겨지면 일이 한없이 늘어나는 반면, 성을 넘는 자들에게 맡겨지면 일이 한없이 줄어든다는 사실이다. 성을 쌓는 자들은 그래서 사람이 많을수록 부족하다고 느끼고 성을 넘는 사람들은 인원이 많을수록 거추장스러워한다.”

우리는 항상 벼랑 끝에 자신을 세우고, 성을 뛰어넘을 생각을 해야 한다. 그곳에 나만의 블루오션이 있고 나만의 세상이 있기 때문이다.

: 진짜 실력은 사생결단의 자리에서 나온다 :

뉴질랜드에서 천연화장품을 만들어 그 나라뿐 아니라 한국에서도 큰 호평을 받고 있는 ㈜마누카내추럴코리아의 채송하 대표가 최근 책을 냈다. 제목은《하나의 눈물로 핀 꽃》이다.

그녀는 1983년 열세 살 때 가족과 함께 필리핀으로 이민했다. 어머니와의 이별, 아버지의 외도 등 온갖 우여곡절을 겪으며 학업을 마쳤고 1982년, 10년 만에 귀국했다. 전공을 살려 IT 분야에서 일하고자 직장을 찾았지만, 조국은 동남아 후진국 출신의 그녀를 반기지 않았다. 그래서 그녀는 우선 먹고살기 위해 커피숍 캐셔로 사회에 첫발을 디뎠다. 그렇지만 다음 해인 1993년에는 대전 엑스포 해외홍보마케팅 담당으로 스카우트되었고, 2년 후에는 대기업에서 사장 통역 비서로 일하게 되었다. 그렇게 한동안은 억대 연봉을 자랑하며 잘나가는 인생인 듯싶었다. 하지만 이혼을 겪고 우울증과 싸우면서 스물아홉 살에 또다시 위기를 맞는다.

이때 그녀를 살게 한 것은, 역설적이게도 죽음이었다. 자살 직전 신을 만나고 영적 부활을 경험한 그녀는 다시 기회를 붙들었다. 미국에 진출하고자 준비하고 있던 어느 날, 신학을 전공한 전도사를 만나 사랑에 빠졌고 그와 결혼하여 뉴질랜드에 선교사로 떠났다. 모든 것을 내려놓고 떠나간 그곳에서, 훗날 그녀가 무일푼으로 회사를 설립하고 성공에까지 이르게 되는 마누카꿀을 만났다. 지금 그녀는 한 교회의 사모로 사역하면서 아토피 아이들의 후원에도 앞장서고 있다.

요즘엔 누구나 대학에 가야 한다고 생각한다. 그래서 실업계나 특성화고교 진학을 꺼린다. 하지만 다시 한 번 생각해볼 문제다. 대안학교나 검정고시를 치른다고 해서 성공할 수 없는 것이 아니다. 오히려 진짜 실력자는 벼랑 끝, 막장에서 나온다. 그들은 성에 안주하지 않고 늘 성 너머를 바라보며, 그러다가 성을 넘기 위해 진짜 실력에 눈을 뜬다. 진짜 실력이 아니면 어디서도 대접받을 수 없음을 일찌감치 알아채기 때문이다.

성을 쌓고 안주하려는 사람은 성으로 들어간다. 하지만 더 넓은 세상을 품고자 하는 사람은 밖으로 나가고 싶어한다. 안주하여 나태해지는 순간 우리는 타락한다. 기상천외하고 창조적인 발상은 벼랑 끝 아니면 밑바닥에서 탄생하는 때가 훨씬 많다. 밑바닥에 이르러야 내가 가지고 있는 진짜를 발견하게 되기 때문이다. 진짜를 발견하고 나면, 진주를 만들 핵이 나에게도 있음을 깨닫게 된다.

따라서 믿음의 힘부터 길러야 한다. 하늘을 믿고, 나를 믿고 그리고 성실을 믿어야 한다. 그런 다음 스스로 자신의 브레인 빌더 (Brain Builder)가 되어야 한다.

'知의 거인'으로 불리는 일본의 대표적 지성, 다치바나 다카시는 이렇게 말했다. "크게 그림을 그리되 선택은 시간을 두고 천천히 해도 된다. 하지만 일단 자신의 길을 찾았다 싶으면 최선을 다해 집중하라."

: 개념파괴로 나만의 색깔을 보여라 :

미국 오하이오 주 어느 지역을 지나가다 보면 생뚱맞게 커다란 바구니 하나와 마주치게 된다. 주변에 높은 건물이 없어서 멀리서도 한눈에 알아볼 수 있는 바구니 모양의 별난 건물이다. 바로 롱거버거의 본사 건물이다.

이 회사의 최고경영자(CEO) 롱거버거는 회사의 이름과 이미지를 효율적으로 전달할 방법을 찾다가 사옥 디자인을 바구니 모양으로 하기로 했다 한다. 롱거버거는 수제 바구니를 만드는 회사로 바구니 생산만으로 굴지의 대기업을 일구었다. 그게 어디 쉬운 일인가? 더더구나 이 회사 창립자인 롱거버거는 말더듬증에 간질, 학습장애를 가진 사람으로 스물한 살에 겨우 고등학교를 졸업했다.

대부분의 인생이 그렇듯 어쩌면 그의 길은 정해져 있었다 할 것이다. 하지만 그는 다른 길로 갔다. 믿음〔信〕이 있었다. 그리고 창의력〔創〕도 있었다. 이 두 가지로 나머지 부족함을 채워나갔다. 그는 학교에 다닐 때 이미 자신은 공부에 소질이 없다는 것을 깨달았다. 공부 시간에 선생님의 강의를 듣기보다 뭔가 내 사업을 하고 싶다는 생각에만 골몰하게 되곤 했기 때문이다. 그때부터 그는 자기가 잘하는 쪽을 찾아 진로를 결정해야겠다는 생각을 했다. 그래서 빵공장 영업사원을 거쳐 소규모 바구니 제조사를 창업했다. 바구니를 선택한 것은 그의 집안이 대대로 바구니를 만들어왔기 때문이다.

당시 바구니를 전문적으로 만드는 회사는 없었다. 그는 바구니 전문회사라는 핵에 몰두하기 시작했다. 나에게는 있고 남에게는 없는 것, 그것이 나만의 핵이다. 그가 가진 작은 핵은 점점 진주로 변했다. 오래지 않아 직원 8,000여 명, 연매출 7억 달러 규모의 대기업 롱거버거라는 멋진 진주목걸이를 만들어냈다.

사생결단의 진짜 실력이 진주목걸이를 만든다. 생각을 조금만 바꿔도 곳곳에서 성공요소를 찾아낼 수 있다. 나는 그것을 신창개업이라 부른다. 신장개업(新裝開業)은 장식만 새로 바꾸는 껍데기

개업이다. 하지만 신창개업(新創開業)은 속이 바뀌는 개업이다.

스티브 잡스는 남의 안경을 끼고 남의 삶을 사는 사람을 껍데기라고 했다. 나만의 삶이 있고 나만의 핵심 스토리가 있어야 하는 시대다. 그것을 붙잡고 핵으로 삼아 재조합 과정을 거쳐서 새로운 목걸이를 만드는 방법, 이것이 신창개업이다.

흔히 말하는 엘리트 코스라는 것이 있다. 그래서 엘리트 그룹일수록 남들이 가는 길로 간다. 마흔 살까지는 그럭저럭 그 길이 우월해 보인다. 하지만 그것이 끝이다. 더는 성공도 없고 진보도 없다. 하지만 독창적인 길을 가는 사람은 처음에는 다소 어려워 보여도 결국 온리원(only one)이 되는 것이다.

: 진짜 진주는 시련이 만든다 :

우리나라에도 사생결단의 진짜 실력을 가진 신창개업자가 있다. 모자(帽子)를 핵으로 삼아 세계적인 재벌이 된, 영안그룹 백성학 회장이다. 사람들은 그를 '모자의 제왕'이라고 부른다. 영안모자는 연간 1억 개의 모자를 만들어 70여 개국에 판매하는, 말 그대로 모자 재벌이다.

처음 이 업계에 발을 디뎠을 때 그가 가진 자산이라곤 달랑 몸뚱이 하나밖에 없었다. 그는 천애 고아였다. 손에 쥔 게 아무것도 없었고 힘이 되어줄 만한 인맥도 없는 밑바닥 전쟁고아였다. 원래 중국 헤이룽장 성에서 태어난 그는 원산에서 살다 열 살 무렵 한국전쟁이 터지면서 남쪽으로 내려오게 되었다. 피난을 가는 교회 형들을 배웅하기 위해 원산항으로 달려갔는데, 형들이 건네주는 사탕을 받기 위해 잠깐 배에 올랐다가 가족과 영영 이별하게 된 것이다.

얼떨결에 묵호항에 도착한 후 3년 동안 거지 생활을 했다. 쓰레기통을 뒤지고, 양아치 패거리에 들어갔다가 담배를 못 피운다는 이유로 두들겨 맞기도 했다. 그래서 어머니가 계신 북한으로 가려고 무조건 북으로 걸어가다 홍천 인근에서 배고픔과 추위를 견디지 못해 쓰러지고 말았다. 그때 죽어가면서 그는 어머니를 보게 해달라고 간절히 기도했다. 기도의 힘이었을까? 어머니는 보지 못했지만 다행히 군인들에게 발견돼 미군 부대 내에서 잔심부름을 해주는 '쇼리'로 목숨을 이어가게 되었다. 이때 그를 돌봐준 사람이 같은 고아 출신의 빌리라는 미군이었다. 평안한 일상도 잠시, 미군 부대에서 일하던 중 북한군이 쏜 포탄이 기름 탱크를 명중시키는 바람에 전신에 화상을 입는 중환자가 되었다. 빌리는 죽어가는 그를 헬기에 태워 미군 병원에 입원시켰다.

19개월 동안 치료를 받은 뒤 가까스로 목숨을 건진 백성학은 서울로 올라와 모자공장에 취직한다. 그의 나이 열다섯 살이었다. 그때까지만 해도 그는 길거리에 널리고 널린 거지 중 한 명일 뿐이었다. 하지만 길거리에서 배운 기술이 진짜 기술이다. 이곳에서 하루 열여덟시간씩 일하면서 제조 기술과 판매 수완 등을 배웠다. 결국 1959년 서울 청계천에 처음으로 자신의 모자가게를 냈다. 열아홉 살 때였다.

그가 만든 제품은 뜻밖에 미국 사람들이 엄청 좋아했다. 그래서 주로 미군이 그의 단골이었다. 바느질 꼼꼼하고 가격경쟁력도 좋아서, 많지는 않지만 수출주문도 받게 된다. 그는 편안하면서도 스타일 있는 모자를 만들기 위해 온종일 사람 머리 모양만 연구했다. 물이 끓을 때까지 잠시도 늦추지 않고 계속 열을 가한 것이다.

사생결단의 진짜 실력은 시련을 거쳐야 제대로 여문다. 백 회장에게도 기다렸다는 듯이 곧 시련이 닥쳤다. 5·16쿠데타였다. 쿠데타와 모자가 무슨 상관이냐고 생각하겠지만, 쿠데타를 통해 대통령에 취임한 박정희는 전 국민에게 군인이 군복을 입듯 재건복을 입도록 했다. 그 바람에 사람들이 모자를 쓰지 않게 되었다. 사치스럽기도 하고 잘 어울리지 않으니까.

이런 상황이 지속되자 대부분의 모자 가게가 경영난을 호소했고, 결국엔 재고가 쌓이는 걸 견디다 못해 문을 닫고 말았다. 하지만 백 회장의 생각은 달랐다. 그는 위기를 기회로 보았다. 헐값이 된 고급 모자를 왕창 사들여 창고에 보관했다. 얼마쯤 지나자, 백 회장의 예상대로 사람들은 다시 모자를 찾기 시작했다.

이렇게 해서 큰돈을 벌어들인 백회장은 인생을 완전히 다른 차원으로 업그레이드하기 위해 고군분투했다. 그는 하루라도 빨리 돈을 벌어서 어머니에게 간다는 일념으로 날마다 최선을 다했다. 그 덕에 1960년대 중반에는 미국을 주요 시장으로 하여 본격적으로 수출에도 돌입했다.

영안모자는 승승장구를 거듭했다. 하지만 백 회장에게 또다시 시련이 닥친다. 이번에는 라이프스타일의 문제였다. 당시 미국에는 자유를 추구하는 히피문화가 급속히 번지면서 젊은이들이 대개 청바지에 장발 차림으로 다녔다. 그러니 모자가 팔릴 리가 없었다. 백 회장은 당장 미국으로 날아갔다. 물이 막 끓어 오르려는 참인데 이대로 포기할 순 없었기 때문이다.

그러다가 우연히 들른 야구장에서 마지막 1°C를 가할 방법을 찾게 되었다. 프로 야구단을 본 것이다. 야구선수들은 예외 없이 모자를 쓴다. 그래서 팬들도 모자를 좋아했다. 그것을 보고 '미국 프로 야구단이 자신들의 로고를 새긴 스포츠 캡을 팬들에게 팔면 대히트를 칠 것'이라는 아이디어가 떠올랐다. 그의 예상은 적중했다. 이때부터 영안모자는 미국 프로 스포츠구단의 팬 서비스용 모자를 휩쓸게 된다. 그리하여 백성학 회장은 모자 하나로 세계적인 그룹을 만들었다.

그의 성공을 이룬 1퍼센트의 핵은 사생결단의 진짜 실력으로 새롭게 창업했다는 것이다. 안주는 현상 유지가 아니라 퇴보다. 잠시라도 한곳에 머물러 있노라면, 그동안 세상이라는 물결은 빠르게 흘러가 버린다. 그러니 늘 현장으로 가서 몸으로 직접 익혀야 하고, 내가 익히고 체험한 것이 몸에 쌓여야 한다. 그리하여 어떤 상황에서도 자동반사로 나오도록 체화된 것이 나만의 원천기술을 만든다. 스스로 리더가 되는 것이다.

리더와 매니저의 차이를 아는가? 리더는 창조자요, 개척자이며 모험가다. 무엇(what)을 할 것인가를 아는 사람이다. 하지만 매니저는 수성(守成)가다. 주어진 일을 어떻게(how) 해야 효과적인가를 고민하는 사람이다. 리더는 효과성(effectiveness)에 초점을 맞추고, 매니저는 효율성(efficiency)에 초점을 맞춘다. 리더는 방향 설정에, 매니저는 실현 방법에 에너지를 쏟는다. 그러므로 신창개업자는 먼저 실력자가 되어야 하고 주도자가 되어야 한다.

03

도전이
명품을 만든다

: 나이롱으로는 안 된다 :

어떤 일을 대충 하는 사람이나 대충 만들어진 물건을 보면 사람들
은 흔히 '나이롱'이라고 말한다. 생긴 것은 딱 비단인데 만져보면
합성섬유, 나일론이다. 그래서 겉모습에 혹했다가 실망하게 되었
을 때 약간 비꼬는 심경을 담아 일본식으로 발음하면서 지금의 나
이롱이라는 말로 굳어진 것이다.

　사람 중에도 겉으로 보기엔 멀쩡한데 속내를 보면 텅 비어 있는

사람이 많다. 교회 신자 중에도 나이롱 신자가 있고, 회사에도 나이롱 직원이 있고 병원에는 나이롱 환자가 넘친다.

나이롱은 오리지널의 반대말이다. 오리지널을 지녀야 성공을 보장받는다. 중국 제품이 세계에서 홀대를 받는 이유가 뭐겠는가? 나이롱이라는 인식 때문이다. 싼 게 비지떡이란 말이 있듯이 무조건 싸다고 해서 환영받지는 않는다. 같은 모양이라도 오리지널이어야 대접받는다. 오리지널에는 함부로 값을 매길 수도 없다. 명품이기 때문이다. 그러니 이왕 신창개업하려면 명품부터 만들어야 한다.

언젠가 국민일보에 대서특필된 적이 있는 어떤 사람의 이야기다. 삼십대 후반의 그 남자는 한 가정의 가장으로 한때 무역업으로 승승장구했다. 모태 신앙인이었지만 술, 담배, 도박의 수렁에서 헤어 나오지 못했을 정도로 소위 '나이롱'이었다. IMF 직전, 그 남자는 중국 물류 분야에 투자했다가 시쳇말로 '쫄딱' 망했다. 결국 있는 재산 다 날리고 반지하로 내려가야 했다. 그때부터 그는 밑바닥 인생을 살면서 생존투쟁을 시작했다. 택배 배달원, 잡부, 목욕탕 청소 등 안 해본 일이 없을 정도였다.

보통 사람이라면 인내하는 데 한계가 와서 결국 노숙자가 되고 만다. 그리고 가난을 대물림하는 못난 아비의 DNA는 이런 수렁을 헤매면서 더 힘이 커진다. 그것을 견제할 성공 유전자가 아직 이식되지 못했기 때문이다. 다행히 그의 의식 속에는 희미하나마 성경에서 배운 신창정신이 있었다. 어려움에 빠지면 먼저 정신(精神)을 새롭게 해야 한다. 정신(精神)은 제대로 된 생각이다. 제대로 된 생각은 인생의 목적이 무엇인가를 아는 것이다. 그렇게 생각하면 인생의 고난이 나쁜 것만은 아니라는 것도 알게 된다. 그리고 생각해야 한다. 변하기 위해서는 아픔을 겪어야 한다는 것을.

앤드류 매튜스가 쓴 재미있는 책《마음 가는 대로 해라》에 보면 대부분의 사람은 뒤통수를 얻어맞아야만 무언가를 배우게 된다고 한다. 왜냐면 그냥 그대로 눌러사는 것이 더 쉽기 때문이다. 그래서 벽에 부딪힐 때까지는 지금 하고 있는 일을 그대로 계속한다. 그래서 위기가 기회가 된다고 말하는 것이다. 작은 위기는 작은 기회를, 큰 위기는 큰 기회를 만들어준다.

조개는 상처를 받아야만 평범한 칼슘 덩어리로 진주를 잉태할 준비를 한다. 진주를 만들기 위해서는 고운 살결을 파고드는 모래알의 고통을 처절하게 느껴야 한다. 그래야 그 상처 속에서 진주가 될 핵이 생긴다. 사람도 마찬가지다. 충분히 상처받고 더는 어떻게 해볼 수 없을 정도로 궁지에 몰렸을 때에야 변화를 위해 몸부림친다. 고난은 쾌락과 세속의 가치관들을 포기하고 진주를 잉태하게 하는 매우 중요한 자정(自靜)도구다. 자세히 보라. 진흙이 아무리 더러워도 조개는 진흙 속에 있어야 진주를 잉태한다. 햇빛 찬란

한 곳에 놓인 조개는 고고한 장식품은 될지언정 진주를 생산하지
는 못한다.

생각의 회로가 거기까지 작동하자 그 남자는 하루에 두세 가지
일을 하기 시작했다. 창피하다는 생각을 버렸다. 부부가 함께 배수
의 진을 치고 힘을 합쳐서, 2년 만에 1톤짜리 중고 트럭을 구입해
자립기반을 마련했다. 트럭을 사서 처음 한 일은 폐지를 줍는 일이
었다. 건물 지하주차장을 돌면서 각종 폐지를 모아 고물상에 팔았
다. 그 과정에서 남들이 생각하지 못하는 점을 발견했다. 버려진
종이 중에는 무척 중요한 정보를 담고 있는 것도 있다는 사실이었
다. 그 점을 깨달은 2002년, 그는 자연스레 문서 파쇄업에 발을 들
여놓았다. 그리고 10년 넘게 그 분야를 주도하면서 탄탄한 중소기
업으로 성장했다. 모세시큐리티 조영욱 대표의 스토리다. 조 대표
역시 신창개업한 사람이다.

: 첨탑의 높이는 기초에서 결정난다 :

빈 자루로는 일어설 수 없다. 사생결단의 진짜 실력이 만들어져야
일어선다. 실패를 두려워하는 사람은 처음부터 핵심실력을 키우지
않는다. 작은 상처조차 만들지 않으려고 조심조심 살아간다. 하지
만 진주가 탄생하려면 상처라는 핵이 있어야 하고, 그 상처를 견디

고 보듬는 인내가 있어야 한다.

평범한 주부에서 사업가로 성공한 이수영 씨. 1997년 말 IMF 직격탄으로 남편이 운영하던 중소기업이 망했다. '뭔가 해야지' 하는 마음은 굴뚝같았지만 집안일만 해온 터라 어떻게 해야 할지를 알 수가 없었다. 그러던 2005년 초 어느 날, 한 식품 박람회에서 눈이 번쩍 뜨이는 발견을 했다. 사찰에서 신도들이 직접 담근 된장을 파는 부스가 있었는데 그야말로 불티나게 팔리는 것이다. 순간 '바로 이거다!' 싶었다.

먼저 사업 허가가 날지부터 따졌다. 무작정 동사무소로 가서 담당자를 찾았다. '사찰 장류(醬類)를 상품화하려 한다'고 했더니 구청에 가보라 했다. 구청에 갔더니 이번엔 소상공인센터에 가보라고 했다. 소상공인센터에 가서야 사업계획서를 작성할 수 있었다. 농림부에 국산 콩에 대해 질문하고, 지역 농장을 찾기 위해서 문화관광부도 찾았다. 그렇게 온갖 관공서를 헤매는 동안 '남편은 뭐하기에 여자가 이러고 다니냐', '사업자금은 있느냐' 등등 자존심 상하는 질문도 숱하게 받았다. 그때마다 오기가 발동해 더 악착같이 쫓아 다녔다. 드디어 사업자등록증을 손에 쥐었다.

이번엔 장을 담가줄 사찰을 찾아야 했다. 변변한 인맥이 없어 발품으로 해결해야 했기에 여러 어려움을 만났지만 국산 콩과 고추, 아홉 번 구운 죽염을 사용한 상품을 내놓겠다는 원칙은 지켜야겠다고 마음먹었다. 사찰음식으로 유명한 스님 몇 분을 찾았지만 죄다 퇴짜를 놨다. 구도하는 승려가 세속적인 사업은 할 수 없다고 했다. 그러나 그녀는 자신이 발견한 핵의 가치를 포기할 수 없었다. 1년간 경기, 충청권의 굽이굽이 산길을 따라 50여 곳의 절을 찾아다닌 끝에 충남 공주의 한 사찰에서 도움을 받게 됐다. 마지막 1°C를 올릴 수 있게 된 것이다. 그리고 마침내 2007년 2월, 사찰죽염된장 · 사찰매실고추장 · 사찰죽염간장 등이 '카르마젠'이란 상표로 세상에 나왔다.

결국 그녀는 흔들리지 않을 만큼 든든한 사업체를 일구어냈다. 마음의 비전이 그림을 그리게 했고 방법을 찾게 했다. 세상에 안 되는 일이란 없다는 걸 체험했다. 첨탑의 높이는 기초에 따라 결정되기 때문에 아무도 따라올 수 없는 기술을 갖춘 뒤 승부에 나서야 진짜 성공을 맛본다. 신창해야 개업한다. 신창개업의 아이템은 도처에 널려 있다.

: 1퍼센트의 핵을 누룩으로 :

사업 영역에서도 1퍼센트의 핵을 누룩으로 만드는 신창 작업이 선행되어야 한다. 한국의 빌 게이츠라 불리는 티맥스소프트 최고경영자 박대연. 그는 항상 새로운 것에 도전했고 모두가 불가능하다고 믿는 것을 가능하게 만드는 불굴의 의지를 가진 인간이었다. 그 역시 성공에 이르기 전에 가장 먼저 한 일은 1퍼센트의 핵을 누룩화한 것이다. 누룩은 자가번식, 대량증식의 모델이다. 제대로 된 원천기술을 가지게 되면 누룩과 마찬가지로 그것은 스스로 번식한다.

가난한 농부의 육 남매 중 장남으로 태어난 그는 아버지가 일찍 돌아가시는 바람에 학창 시절부터 생활전선에 뛰어들어야 했다. 또래들처럼 맘 편히 학교만 다닐 수 있는 형편이 아니었기에 낮엔 일하고 밤에 졸음을 쫓아가며 공부했다. 힘들고 어려웠지만, 항상 1퍼센트의 누룩을 만들고자 했다.

그의 첫 누룩은 TP모니터 생산기술이었다. 1997년 소프트웨어 개발회사인 티맥스소프트를 설립하여 당시 1퍼센트 가능성도 없는 TP모니터 개발에 도전했다. 하루도 쉬지 않고 날마다 꼬박 열세 시간씩을 연구에 몰두하여, 1998년 마침내 기술개발에 성공했다.

그는 자신이 설립한 티맥스소프트가 2015년에는 삼성전자와 맞먹는 기업으로 성장하리라는 믿음을 가지고 있다. 자신이 가진 누룩이 진짜 고농축이라고 확신하기 때문이다.

하늘은 없는 것을 가지고 하라고 하지 않는다. 먼저 "네 손에 무엇이 있느냐"고 물어보신다. 성경에도 보면 모세에게는 양 치던 지팡이가 손에 들려 있었고, 다윗에겐 물맷돌이 있었다.

당신의 손에는 무엇이 남아 있는가? 나는 파산신청을 받고 찜질방을 전전하다 달랑 남은 글 쓰는 재주 하나로 다시금 일어서게 되었다. 베드로도 밤새도록 고기를 잡았지만 허탕만 쳤다. 하지만 마지막 승부도 바다에서 벌어졌다. 그가 가진 1퍼센트의 재능인 그물질로 결국엔 이겼다. 당신의 재능과 주특기는 무엇인가? 당신만이 가지고 있는 원천기술은 무엇인가? 그것이 아무리 작고 미약해도 당신 손에 있는 그것, 1퍼센트의 작은 그것으로부터 모든 것이 시작된다.

지금 당신이 어려움을 겪고 있다고 하더라도 완전히 실패한 것이 아니다. 1퍼센트의 원천기술이 부족한 것이 아니다. 좀 더 경쟁력을 갖추기 위해서 잠시 테스트를 거치는 중일 뿐이다. 그러므로 문제점을 찾아 차근차근 고쳐가면서 다시 일어서라. 가장 자신 있는 그것으로 도전하라. 신창하라! 두려워 말며, 놀라지 말라! "네가 밟는 땅으로 네 것이 되게 하겠다"는 약속이 있다.

04

창업의 순간을
발견하라

: 다시 인생을 시작한다면 :

사회학자인 앤서니 캠폴로 박사는 90세가 넘은 노인들에게 다음과 같은 질문을 했다.

"만약 다시 인생을 시작한다면 어떤 일을 하고 싶습니까?"

그랬더니 대부분의 사람이 이렇게 대답했다고 한다.

"더 많이 반성하며 살고 싶습니다."

"더 많은 모험을 하며 살고 싶어요."

살면서 후회가 없을 수는 없다. 아마도 이 연구는 사람은 실수나 후회를 통해서도 배울 게 많다는 것을 깨우치기 위한 것이었던 모양이다.

안동병원을 설립한 강보영 이사장도 가슴 아픈 추억 때문에 병원을 설립하게 되었다고 한다.

"한때 안동의 모 병원에 입원한 적이 있었는데 의사들의 콧대 높고 권위적인 태도와 낙후된 시설, 서비스에 질려버렸습니다."

그 뼈아픈 경험은 자신이 직접 병원을 만들어야겠다는 생각으로 구체화되었다. 강 이사장은 의사가 아니다. 그는 고등학교를 졸업한 후 고향 안동에서 10여 년간 농사를 짓고 스프링클러 등 농업용 자재를 판매해왔다. 병원 의료 서비스에 기가 막혔던 그가 처음 한 일은 지인들을 설득하러 다닌 것이었다. 친절하면서도 실력 있는 의사들이 좋은 치료를 제공하는 지역병원을 건립하면 어떻겠느냐고 사람들을 붙들고 열심히 이야기했다. 그렇지만 아무도 선뜻 나서지 않았다. 돈이 너무 많이 든다는 이유였다. 그 방법으로는 어떻게 해볼 수가 없음을 알게 된 강 이사장은 자신이 직접 병원 건립사업에 뛰어들었다.

다행스럽게도 당시 정부에서는 의료기관이 부족한 농어촌지역의 거점병원 설립을 권장하고 있었고, 그 정책에 따른 시설융자를 받아 1982년 종합병원으로 개원할 수 있었다. 하지만 병원 문은 열었지만 문제가 끝난 것은 아니었다. 지방이라는 악조건과 영세한 구조 때문에 열세를 면치 못했다. 농촌이라 가뜩이나 의사 구하기가 쉽지 않은 터에 기존 병원들의 견제까지 심해서 너무나도 힘들었다.

"초창기 경영이 너무나 악화돼 부도낼 생각도 했습니다. 망했다는 느낌뿐이었죠. 하는 수 없이 당시 보사부의 권유를 받아들여 부도 대신 감원을 택했습니다."

하지만 병상이 모자라 증축을 했던 터이고, 감원 얘기가 돌자 노조가 파업에 돌입하여 병원은 폐업 위기로까지 내몰렸다. 실패에 직면한 것이다.

사실 우리는 살아가면서 많은 실패를 경험하게 된다. 하지만 실패가 패배를 의미하는 건 아니다. 도리어 실패의 순간에 신창의 영감이 떠오른다. 실패에 어떻게 대처할지를 고민하면서 신장개업이 아니라 신창개업의 기회를 만나는 것이다.

강 이사장이 타 병원과 차별화된 경영이 필요함을 절감한 것은 이때부터다. 공급자 논리에서 제공되던 기존 의료 서비스 대신 고객의 수요에 부합하는 '맞춤 서비스'가 필요하다는 생각에 경영혁신을 개시했다. 그가 택한 생존 전략은 재일교포가 운영하는 일본 MK택시를 벤치마킹하는 것이었다. 1년에 두 차례 MK택시를 견학하는 해외연수 프로그램을 마련하여 친절 서비스 운동을 벤치마킹하면서 직원 서비스교육을 강화했다. 그러자 환자 수가 눈에 띄게 늘기 시작했다. 여기에 크게 고무된 이사장과 직원들은 점점 더 변화를 바라게 되었다.

안동병원은 개원 후 해마다 연매출액의 1퍼센트를 안동지역 발전사업과 문화개선사업, 복지사업 등에 기부해왔다. 그럼으로써 지역 주민의 애정도 깊어갔다. 이 모두가 MK택시에서의 연수 후 얻게 된 변화였다. 언제부턴가 안동병원은 고객만족의 '살아 있는 교과서'가 되었다.

강 이사장은 강연에서 이렇게 말했다.

"위기가 사방에 널려 있는 상황에서 궁즉통(窮則通)이란 말은 잘못된 것이죠. 궁하면 통하는 것이 아니라, 궁즉변(窮則變)이요 변즉통(變則通)입니다. 궁한 때일수록 변화가 필요합니다."

안동병원의 캐치프레이즈는 '입원에서 문상까지'다. 그 짧은 문구 안에는 '병원은 환자를 위한 것이며 적극적인 변화만이 병원을 살릴 수 있다'는 강 이사장의 소신이 담겨 있다.

만약 그가 아이디어만 있는 몽상가였다면 결코 벤치마킹에 성공하지 못했을 것이다. 몽상가에 머물지 않았던 이유는 실패라는 뼈아픈 체험이 있었기 때문이다. 연수 프로그램 중 MK택시 유대식 부회장의 강연은 안동병원 직원들의 가슴에 불을 질렀다. 물론 반발하는 일부 원로 의사들도 있었다. 그들은 "왜 우리가 환자들에게 인사를 해야 하는가?", "왜 우리가 환자들에게 고맙다고 해야 하는가?"라고 항의했다. 하지만 연수를 받고 온 직원들은 달라졌다. 환자와 보호자들이 감격하기 시작했고, 입소문이 퍼지면서 병원을 찾는 환자가 늘어났다. 친절경영으로 돌아선 지 2년 만에 안동병원은 흑자로 전환되었다. 그와 같은 결과는 이사장 이하 전 직원들에게조차 놀라운 것이었다. 결국 안동병원은 성장에 성장을 거듭하여 80억 원을 들여 증축공사까지 하게 되었다. 친절경영 하나만으로도 이렇게 달라질 수 있다는 것을 직접 몸으로 보여준 것이다. 위기의 순간을 신창개업의 기회로 받아들이자.

: 신장개업과 신창개업 :

신장(新粧)은 외형을 고치는 것이다. 이에 비해 신창(新創)은 새 뿌리를 만드는 작업, 즉 근원적인 혁신을 말한다. 인간의 본성에는 절망이 먼저 뿌리내리고 있다. 그래서 희망보다 절망을 더 먼저 그리고 더 크게 느끼며, 그 때문에 항상 고통에 신음하게 된다. 마음이 새로워지지 않으면 아무리 좋은 환경이 와도 안 된다는 생각만 든다. 따라서 우리는 또 하나의 신창(信創)을 해야 한다. 즉 믿음으로 미래를 창조해야 한다.

인도 비디오콘 CEO인 김광로 회장은 '왜 혁신해야 하는가'에 대해 이렇게 말했다. "사람은 끊임없이 배워야 한다. 왜? 자기를 변화시키기 위해! 기업체도 마찬가지다. 세상 만물은 변화하지 않으면 죽은 것이나 다름없다. 혁신은 곧 변화다."

옛날에 눈사람을 만들던 때가 기억난다. 열한 살 때였다. 새벽에 신문을 돌리다가 밤새 내린 눈이 쌓인 걸 보고는 눈사람이 만들고 싶어졌다. 신문을 길가에 내려놓고 눈사람을 만들기 시작했다. 시린 손을 호호 불어가며 먼저 축구공만 한 눈덩이를 만들었다. 그때 눈덩이를 만들면서 깨달은 것이 있었다. 처음 눈뭉치를 만들기는 어렵지만, 눈덩이가 커질수록 엄청나게 쉬워진다는 점이다.

인생의 모든 면이 그렇다. 처음엔 누구나 1퍼센트로 시작한다. 그렇지만 나만의 그 1퍼센트, 오리지널한 원천기술을 개발하는 건 쉬운 일이 아니다. 그래도 시작이 반이다. 1퍼센트가 반이다. 그렇게 원천기술이 만들어지고 시제품이 만들어지면 그다음부터는 눈덩이 구르듯 커진다. 산을 일시에 옮기는 것은 불가능한 일이다. 하지만 시작만 하면 언젠가는 옮겨진다. 기적은 그렇게 탄생하는 것이다.

영화 〈좋은 놈 나쁜 놈 이상한 놈〉으로 유명해진 김지운 감독은 이십대 젊은 시절에 10년 가까이를 백수로 지냈다. 돈만 빼고 백수 생활에 잘 적응했던 그는 늘 책을 읽었고, 그것이 바탕이 되어 한 잡지사에서 주최한 시나리오 공모전에 당선했다. 그 덕에 지금은 충무로에서도 최고라고 인정받는 글 잘 쓰는 감독이 되었다.

　누구나 어려운 시기를 건너기 마련이고, 어렵사리 그 시기를 벗어날 길을 찾았다 하더라도 처음부터 잘되는 것은 아니다. 하지만 자신이 발견한 것을 꼭 붙들고 시작하는 사람은 반드시 성공한다. 신창개업은 원천기술을 만들 때 가능하다. 그러려면 우선 뇌력(腦力)을 키워야 한다. 다시 말해 작은 생각을 활용하여 큰 기술로 발전시켜야 한다는 얘기다. 바람이 불지 않을 때 바람개비를 돌리는 방법은 앞으로 달려가는 것이다. 사생결단의 진짜 실력을 길러야 근심과 걱정에 위축되지 않는다.

: 신창의 순간을 붙들어라 :

토크쇼의 여왕이라 불리는 오프라 윈프리는 어느 날 사회를 보면서 자신의 토크쇼를 신청하는 방청객 전원에게 자동차를 한 대씩 선물하겠노라고 예고했다. 사람들은 대부분 그 말을 곧이듣지 않았다. 하지만 그 말을 믿고 방청을 신청한 사람들은 모두 자동차를 선물로 받았다. 예고한 토크쇼가 있던 날 그녀는 276명의 방청객 모두에게 작은 상자를 하나씩 나눠주었다. 사람들은 그 상자를 열어보고 깜짝 놀랐다. 진짜 자동차 열쇠가 들어 있었기 때문이다. 이때 나눠준 자동차는 제너럴모터스의 폰티악 G6였다. 미국 돈으로 28,000달러, 당시 환율로 치면 한화로 약 3,200만 원짜리였다. 제너럴모터스에서 협찬한 것이다. 그날 들어간 자동차값만 자그마치 92억 원이었다.

그런데 재미있는 것은 이 이벤트 이후 제너럴모터스는 92억 원어치보다 더 많은 광고 효과를 얻었다는 것이다. 윈프리 역시 마찬가지다. 온 세상에 그 사실이 보도되면서 그녀가 전하고 싶었던 메시지가 많은 이들에게 전해졌기 때문이다. 그날 토크쇼의 주제는 '터무니없는 꿈도 이루어진다'였다.

제프 베조스는 1974년 뉴욕에서 헤지펀드 매니저로 일하고 있었다. 인터넷을 검색하던 중 월드 와이드 웹 인구가 매달 2~30퍼센트가 아니라 2,300퍼센트까지 급증하고 있다는 통계를 접했다. 베조스는 이것을 '빅뱅(Big Bang) 후의 첫 10초'라고 말했다. 이런 기하급수적 성장에 대해 의아해하는 사람도 있었지만 준비된 사람은 이미 행동에 들어간다. 베조스가 즉각 신창개업한 회사가 바로 세계 최대의 인터넷 서점 아마존이다.

빅뱅 후의 첫 10초가 지나가는 사이 당신은 무엇을 보았는가? 잘 생각해보라. 남들이 모두 이뤄놓은 세상에서 허겁지겁 뒤꽁무니만 좇아오지 않았는가? 기회를 잡는 사람은 준비된 사람이다.

남제천농협의 유병기 공장장은 치약처럼 짜는 튜브 고추장을 만들어냈다. 우리나라 사람이라면 고추장 없이는 못 산다. 고추장만 있으면 외국 어디를 가도 거뜬하다. 그런데 여행을 가면서 고추장을 챙기는 게 여간 성가신 일이 아니다. 웬만큼 밀봉해서는 안심할 수 없다. 그런데 이 문제를 유병기 공장장이 해결했다. 걸쭉하다는 점에서 치약과 같다는 생각을 해낸 것이다. 이제 그의 튜브 고추장은 여행객들의 필수품이 됐다. 덩달아 고추농가의 수입도 늘어났다.

　남들은 한계에 머물 때 누군가는 다른 길을 찾는다. 1퍼센트의 기회를 붙들고 열정을 가열하면 새로운 창업이 시작된다. 워싱턴 어빙은 이렇게 말했다. "위대한 인물에게는 목적이 있고, 평범한 사람들에게는 소망이 있을 뿐이다."

사생결단의
변화를 하라

생각을 심으면 행동을 거두고 행동을 심으면 습관을 거두고
습관을 심으면 성격을 거두고 성격을 심으면 운명을 거둔다.

- 새뮤얼 스마일즈 -

05

신령개조하라

: 학이지지, 곤이학지 :

공자가 말하길, "날 때부터 아는 자〔生而知之者〕는 최상의 인간이
요, 배워서 아는 자〔學而知之者〕는 그다음 인간이고, 막히면 애써
배우는 자〔困而學之者〕는 그다음 인간이다" 하였다. 세상의 큰 깨
달음이나 신창개업은 곤이학지(困而學之)의 결과물이다. 처절한 경
험이 없으면 완벽한 창조물도 없다. 지금은 학이지지 때문에 곤이
학지가 힘을 잃은 시대다. 인생 승리의 비결과 성공의 보장은 애써

배우는 데 있다는 것을 모르기 때문이다.

태초에 천지가 창조될 때 엔트로피 법칙에 따라 무한의 에너지가 필요했다. 그 안에서 창조된 모든 사물은 열역학 2법칙에 따라 점점 퇴락해가고 있다. 따라서 발전보다는 후퇴가, 진보보다는 타락이 우리의 본성에 더 가깝다. 열심보다는 게으름, 도전보다는 안주가 우리의 본성이다. 그러한 본성을 다시금 우주를 진동할 힘으로 만들려면 천지개벽의 에너지가 필요하다. 그것이 신령개조(新靈開造)다. 즉 사생결단의 각오로 내 영과 혼을 창조 때의 힘으로 개조해야 한다는 의미다.

안 되는 사람은 안 된다는 생각으로 자신을 꽉 잡고 있다. 이에 반해 되는 사람은 된다는 생각으로 충만하다. 그래서 생각이 성공의 씨(seed), 성공의 인자(因子)가 된다. 따라서 성공을 위해서는 생각의 유전자를 바꾸어야 한다.

의식혁명이 일어난 사람은 이제 다른 사람의 의식까지 변화시킨다. 나 자신을 변화시킬 힘도 부족하다면 어떻게 주변을 변화시킬 수 있겠는가? 그러나 누룩이 가루 서 말에 들어가면 그 가루가 다 변한다. 누룩은 의식의 씨앗이며 생각의 유전자(T-gene)다. 그래서 신령개조의 체험을 해야 한다. 사람에겐 빵이 필요하지만, 빵만으로는 살 수 없는 것이 사람이다. 영혼의 만족이 있어야 흔들리지 않는 행복을 가지는 것이다.

그런데 육신이 멀쩡할 때는 영혼의 존재를 그다지 알지 못한다. 그러다가 더는 내려갈 수 없이 힘든 아픔의 시기를 거치고서야 그 밑바닥에서 오리지널을 발견하게 된다. 물론 그곳에서 더 극단적인 나락으로 떨어지는 사람도 간혹 있다. 하지만 대부분은 그곳에서 육신의 한계를 뛰어넘는 힘이 영혼에 있고 의식에 있음을 알게 된다. 신령의 에너지가 나 자신을 개벽시킨다는 것을 깨닫게 된다. 그곳에서 자아의 개벽을 이룬 사람은 오직 나만이 발견할 수 있는 그 무엇을 쥐게 되는 것이다. 철저한 나다움을 얻기까지 기나긴 구도자의 길을 간 사람처럼, 나다움의 경지를 만난 사람이 이룩한 일은 이미 그 자체가 성공이다. 나는 이것을 신령개조(信靈開造)라고 부른다.

: 임사의 순간까지 가라 :

전 세계적으로 한 해에 4만 명 정도가 죽음을 체험하고 돌아오는데 그것을 임사체험이라고 한다. 임사체험이 실재하느냐 그렇지 않느냐는 논외로 하고 그러한 체험을 한 사람들에게는 공통적인 변화가 있다. 그 경험을 한 이후부터 의식이 바뀌고 삶이 바뀌었다는 사실이다. 임사체험자는 사람의 생명이 육신에 있지 않다는 것을 깨닫는다. 즉 인간의 의식이 몸을 빠져나와도 여전히 의식이 존재한다는 것을 안다. 우리 몸에 의식이 존재할 때를 생전이라 하고 몸 밖에 있을 때 생후라 한다. 따라서 의식이 바뀌면 몸도 바뀐다.

이처럼 우리도 죽음으로써 부활을 체험해야 한다. 이것을 알고 의식을 강화시키는 것이 몸을 변화시키는 지름길이다. 뼛속 깊이 생각을 바꾸지 못하면 아무리 해도 핵이 생기지 않는다. 생기지 않은 핵으로는 진주는커녕 자개도 겨우 얻을 뿐이다. 진주가 나와야 그것을 꿰어 명품을 만들 것 아니겠는가. 이것이 바로 곤이학지의 결과다.

일본 최고의 CEO라 일컬어지는 혼다의 소이치로는 성공의 핵심적인 기술을 언급하면서 1퍼센트의 작은 아픔이 핵으로 변하는 비밀에 대해 이렇게 표현했다.

"내가 측정한 바로는 인간의 체력은 대략 20분의 1마력이다. 그나마 이 체력을 유지하려면 일정한 휴식을 취하고, 일정한 오락을 즐겨야 한다. 기계가 이렇게 까다롭고 비효율적이라면 벌써 폐기했을 것이다. 그러나 인간의 노동력이 귀한 건 거기에 무언가가 살아 있기 때문이다. 수십억 원의 설비자금과 수천 명의 노동력보다 한 사람의 발명이나 뛰어난 생산수단의 발견이 능률을 훨씬 높일 수 있다."

문명을 꽃피운 세계사의 지도를 보라. 겨울의 모진 추위와 하천의 상습적인 범람, 질병, 맹수들과 겨룰 수밖에 없는 곳에서 찬란

한 영화를 이루었다. 이것은 지금도 마찬가지다. 15세기, 유럽 사람들은 포르투갈이 지구의 끝이라고 생각했다. 지금은 포르투갈의 수도가 되어 있지만 한때 스페인령에 속했던 리스본, 그 항구도시의 해안이 끝나는 곳 큰 바위에는 "여기가 끝이다. 이 너머엔 아무것도 없다"라는 글귀가 새겨져 있다. 그러나 1492년 한 사람이 이 항구에서 작은 배에 오른 이후 사람들은 외쳤다. "여기가 끝이 아니다. 저 너머엔 위대한 희망의 세계가 있다." 그가 바로 위대한 탐험가 콜럼버스였다.

많은 이들이 자신의 한계는 여기까지라고 선을 그어놓고 산다. 도전조차 하지 않는다. 하지만 인생은 도전의 연속이다. 도전을 멈추는 것은 자전거 안장에 앉아 있으면서 페달을 밟지 않는 것과 같다. 나아가지 않으면 멈추는 것이 아니라 넘어진다. 고통이나 위기를 맞이할 때 때로 인간의 믿음이나 영적, 지적 의지력은 보이지도 않을 만큼 작아 보인다. 인간 개개인의 신체적 역량은 기껏해야 5배의 차이가 날 뿐이다. 하지만 의식의 차이는 500배다.

: 하늘이 장차 중책을 맡기려 할 때는 :

일이 자꾸 꼬이면 사람은 자책하게 된다. 하지만 그런 자책은 별 도움이 되지 않는다. 그럴 땐 자책보다 교훈을 생각하라.

여기 한 사람이 있다. 잿더미 속에서 일어나 누구보다 성공적인 삶을 살고 있다. 그는 대형 약국을 운영하던 약사였다. 약국을 하면서 번 돈으로 화공약품 공장도 운영하고 있었다. 승승장구하던 사업과 불황을 모르던 약국에 제동이 걸린 것은 1972년의 어느 날이었다. 여유자금을 모아 사채업자에게 빌려줬는데 사채를 빌려 쓴 회사가 부도가 난 것이다. 그것이 문제의 시작이었다. 그 돈을 받기 위해서는 대신 부도를 막아줘야만 했다. 그래서 사채를 빌려 부도를 막았다. 하지만 밑 빠진 독에 물 붓기였다. 결국 회사는 그의 빚만 더욱 불린 채 주저앉고 말았다. 게다가 엎친 데 덮친 격으로 그의 화공약품 공장에 대형 화재가 발생했다. 공장은 말 그대로 잿더미가 되고 말았다. 남은 재산을 모두 팔아도 빚과 화재를 수습하기엔 역부족이었다.

한순간에 그의 가족은 갈 곳 없는 알거지 신세가 되고 말았다. 정말 기가 막혔고 무엇을 어떻게 해야 할지 막막하기만 했다. 우선 판자촌에 단칸방 하나를 얻어 이사한 후 서울에서 가장 싸게 약국을 열 수 있는 곳이 어딘가를 찾아다녔다. 새로운 시각에서 진로를 모색한 것이다.

"여기서 주저앉을 순 없다. 나는 아직 젊다. 새롭게 시작하자."

이렇게 주먹을 불끈 쥐었지만 속은 한없이 쓰렸다. 밤잠 안 자고 모은 재산을 어이없게 날렸으니 그럴 만도 했다. 하지만 고난이 깊이 있는 시각을 낳는다고 하는데, 바로 그를 두고 하는 말이다. 그는 당시 도로포장도 돼 있지 않았던 봉천동에서 작은 가게 하나를 찾아냈다. 그리고 거기에 약국을 열었다. 그는 아침마다 산에 올라 멀리 한강을 내려다보며 꼭 성공해서 이곳을 벗어나겠다고 다짐했다.

그런데 그는 그곳에서 인생의 또 다른 면을 보게 되었다. 약값 몇 백 원이 없어 아픔을 참는 사람들이 많았고 끼니가 없어 굶주리는 사람도 쉽게 볼 수 있었다. 그들을 볼 때마다 그의 가슴은 미어졌다. 이른바 신령개조의 시간을 마주한 것이다. 그래서 그는 이렇게 마음먹었다.

"이 사람들에 비하면 나는 그래도 얼마나 행복한가. 실패는 성공의 어머니라고 했는데 이들을 도우며 성실한 삶을 살자."

그리하여 그의 인생관에 변화가 왔다. 그는 이웃을 따뜻한 눈길로 돌아보기 시작했다. 그리고 그가 할 수 있는 범위에서 어려운 이웃을 돕는 일을 시작했다. 식량을 나누거나 약을 무료로 조제하는 등 작은 일들을 실천했다. 예전에 돈이 있어도 하지 못했던 일을 실패한 후에 시작할 수 있었던 것은 인생을 보는 눈이 달라졌기 때문이다.

맹자의 글에 보면 "천장강대임어시인야(天將降大任於是人也)시면, 필선고기심지(必先苦其心志)하며 노기근골(勞其筋骨)하며 아기체부

(餓其體膚)하며 공핍기신(空乏其身)하여 행불란기소위(行拂亂其所爲)하나니 소이동심인성(所以動心忍性)하여 증익기소불능(曾益其所不能)이니라"란 대목이 나온다. "하늘이 어떤 사람에게 장차 중책을 맡기려면 반드시 먼저 그 마음을 괴롭게 만들고, 그 살을 다 빠지게 하고, 먹을 것과 입을 것을 어렵게 하고, 그래서 지치게 하며, 그가 하는 일 중에서 되는 일은 하나도 없이 자꾸만 꼬이게 한다. 그렇게 하는 까닭은 그 마음을 움직이고, 천성을 끈질기게 하여 자기의 성질을 참아서 그전에 해내지 못했던 일을 더욱 잘할 수 있게 해주기 위함이라"라는 뜻이다. 공맹도 고난이 인간의 그릇을 키우는 중요한 도구라는 것을 알고 있었다. 하늘이 쓰고자 하는 사람은 하늘이 직접 신령개조시킨다는 것을 역사도 증명하고 있는 것이다.

그런데 그가 새 터를 찾아 약국을 다시 열었다고 해서 역경이 모두 사라진 것은 아니었다. 한창 자리를 잡아가고 있던 어느 날 건물 주인이 찾아와 느닷없이 약국을 비워달라고 한 것이다. 그의 약국이 몹시 잘되는 것을 본 다른 약국에서 그가 세든 건물을 사버린 것이다. 주변에 약국을 이전할 마땅한 건물도 없었기에 그는 고민에 빠졌다. 그러다 건물을 임대할 것이 아니라 아예 땅을 사서 직접 지어야겠다는 결심을 했다. 아주 대담한 결정이었다. 하지만 그 근처에는 건물을 지을 만한 땅이 없었다. 주변에 남아 있는 땅이라곤 20년 동안 재개발에 묶여 건물을 지을 수 없는 170평짜리 땅뿐이었다. 그는 그 땅을 최고가로 사들였다. 주위에서는 건물도 짓지 못하는 땅을 뭐하러 사느냐고 만류했다. 그런데 중도금을 치르는 순간 재개발이 풀렸다. 기적 같은 일이었다. 그리고 정확히 1년 만에 건물을 완공해 입주했다. 1층을 약국으로 썼는데 예전보다 더 좋은 위치에 더 넓은 공간을 확보하게 된 것이다.

당시에는 주로 연탄으로 난방을 했다. 그래서 연탄가스에 중독되는 사람이 많았는데, 연탄불에 화상을 입은 사람도 많았다. 하지만 대부분 병원 갈 형편이 못 되어 상처를 동여맨 채 약국을 찾았다. 그는 화상 환자의 피부를 치료하기 위해 밤낮으로 연구했고 그 결과 피부재생 효과가 있는 '바이칼린'이란 물질을 추출하게 되었다. 그후 많은 피부병 환자가 그의 약국을 찾아왔고, 약의 효능이 알려지면서 전국에서 몰려든 사람들로 약국은 인산인해를 이루었다.

'하늘은 스스로 돕는 자를 돕는다'는 속담이 있고 공자는 '어찌할까, 어찌할까를 묻지 않는 사람은 나도 어찌할 도리가 없다'는 말로 개인의 노력을 역설했다.

: 하늘은 스스로 돕는 자부터 돕는다 :

19세기 영국의 의사이자 정치개혁가였던 새뮤얼 스마일즈는 의사라는 안정된 직업을 포기하고 노동자와 중산층 개혁가들을 연합해 세상의 개혁을 위해 노력한 인물이다. 그가 쓴《자조론(Self-Help)》은 자기계발서의 효시라 할 만하다. 자신을 스스로 돕는 이 자조정신은 개개인이 성장하는 데 진정한 원동력이 된다. 하지만 자조의 신령개조가 쉬운 일은 아니다. 천지개벽을 만들 만한 노력이 있어야 한다. 가장 중요한 것이 스스로 공부해야 한다는 점이다. 그런데 공부에는 진짜 공부가 있고 가짜 공부가 있다. 진짜 공부란 써먹을 곳이 있어서 죽기 살기로 하는 공부이고 가짜 공부는 누군가에게 보여주기 위해 억지로 하는 공부다. 당신은 진짜 공부를 해본적이 있는가? 치열한 인생의 전쟁터에서 승리하기 위해 물심양면으로 갈고닦은 적이 있는가?

박효석 회장 역시 임사(臨死)상태에서 새로운 성장을 위한 돌파구를 찾았다. 자조정신으로 신령개조했다. 그 결과 약국이 다시 일어서게 되었고 이를 발판으로 한독화장품이라는 회사가 탄생할 수 있었다. 만약 그가 봉천동 달동네에서의 약사 생활을 겪지 않았더라면 오늘날 한독화장품이라는 회사는 존재하지 않을지도 모른다.

박 회장은 화장품회사를 설립한 지 6년 만에 1만 평 부지에 6천 평의 현대식 건물로 공장을 세웠다. 그리고 그곳에서 화장품 개발에 매진하였다. 그 결과 '스펠라 707'을 완성하여 석탑산업훈장을 받았다. 나아가 제네바발명품전시회에서 금상, 세계발명특허에서 기술대상, 프랑스 파리발명품대회에서 은상을 받는 등 세계에서도 제품력을 인정받았다. 2012년에는 서울시로부터 우수기업브랜드로 선정되기도 하는 등 탄탄한 중견기업의 대열에 올라 있다. 임사의 순간마다 좌절하지 않고 스스로를 도울 방법을 찾아 사생결단을 한 결과라 하겠다.

06
더 깊이 파라

: 겨울이 언제까지고 계속되진 않는다 :

작은 부자는 사람이 내고 큰 부자는 하늘이 낸다고 했다. 그만큼
엄청난 위기와 아픔을 이겨내야 큰 부자가 된다는 의미다. 세계 제
일의 부호로 일컬어지는 존 록펠러에게도 큰 위기가 닥친 적이 있
었다. 그는 친구의 권유로 금광 개발을 시작했다. 그러나 사기를
당해 원금을 모두 날렸고, 광부들은 밀린 임금을 요구하며 연일 강
도 높은 시위를 벌였다. 빚 독촉에 시달리던 록펠러는 너무나 괴로

워서 자살까지 결심했다. 마지막으로 그는 온통 난장판이 된 황량한 폐광에 가서 엎드려 기도했다. 그때 마음속 깊은 곳으로부터 들려오는 위로의 음성이 있었다. "때가 되면 열매를 거두리라. 더 깊이 파라!"

록펠러는 이 음성을 믿고 폐광에 들어가 더 깊이 파기 시작했다. 사람들은 록펠러가 제정신이 아니라며 수군거렸다. 그런데 폐광에서 갑자기 '검은 물'이 분수처럼 솟구쳤다. 그것은 석유였다. 자살 직전의 록펠러는 유전을 발견해 세계 역사상 최고의 거부가 된 것이다. 지옥에서 살아나온 그는 결심했다. 하늘이 내려준 이 축복을 혼자 사용하지 않겠다고.

루소는 말했다. "인내는 쓰다. 그러나 그 열매는 달다." 셸리도 노래했다. "겨울이 오면 봄도 머지않으리."

니체 역시 이런 말로 우리를 격려했다. "인생의 목적은 끊임없는 전진에 있다. 앞에는 언덕이 있고 시내가 흐르고, 진흙탕도 있다. 걷기 좋은 평탄한 길만 있는 것은 아니다. 먼 곳으로 항해하는 배가 풍파를 만나지 않고 조용하게만 갈 수는 없다. 풍파는 언제나 전진하는 자의 벗이다. 차라리 고난 속에 인생의 기쁨이 있다. 풍파 없는 항해! 얼마나 단조로운 것인가. 곤란이 심할수록 내 가슴은 뛴다. 겁쟁이도 고난을 이겨낼 수 있지만 용기 있는 사람만이 불안을 이겨낼 수 있다."

이나모리 가즈오는 《왜 일하는가》에서 이렇게 말했다.

"자신이 맡은 일에 최선을 다하라. 지금 하고 있는 일에 더 적극적으로, 가능한 무아지경에 이를 때까지 부딪쳐보라. 그러면 분명 스스로를 그토록 옭아맨 무거운 짐들을 훌훌 털어낼 수 있을 뿐 아니라 상상하지 못한 미래의 문이 열릴 것이다."

: 신령의 안목, 퍼스펙티브 :

보통사람들의 시력은 평균 1.5정도다. 몽골인 중엔 최대시력 6.0까지 나오는 사람도 있다고 한다. 하지만 아무리 좋은 시력이라도 육신의 눈으로 보는 것은 한계가 있다. 신령한 눈이 필요하며, 누구나 그것을 가지고 있다. 나는 그것을 퍼스펙티브(perspective)라고 말한다.

손정의는 말했다. "많은 사람이 뱃멀미를 하는데 그 이유는 배 옆을 보기 때문이다. 하지만 나는 저 멀리 수평선을 본다. 수평선은 항상 고요한 호수처럼 보인다. 그래서 나는 멀미를 하지 않는다." 퍼스펙티브의 힘이다.

김영길이라는 사람이 있다. 한국 최고의 오지 강원도 방태산에서 1980년대 초부터 한약방을 하는 별난 인물이다. 일주일에 나흘, 그것도 오전에만 진료한다. 간염과 간경변, 암 따위로 시한부 인생을 사는 중환자에게 배낭을 짊어진 채 산속을 걷게 하고, 앉아 있을 힘도 없는데 장작을 패게 한다. 간혹 섣부른 의학 지식을 들먹이는 환자가 있기도 한데, 그들은 무조건 돌려보낸다.

서울대 천문학과를 졸업하고 한때 발명가였다가 사업가로 살았다. 1970년대에는 백범사상연구소를 이끌면서 재야 운동가의 삶을 살았다. 그동안 그가 발명한 가열순환제와 자연치료법으로 무려 1만여 명의 간질환 환자가 치료됐다.

그는 2004년부터 2009년까지 《누우면 죽고 걸으면 산다》라는 제목의 책을 세 권이나 시리즈로 출간했다. 이 책에서 그는 불치병이나 난치병은 탐욕과 집착, 번뇌에서 비롯되었으며 고단백 식품을 섭취하면서 편안하게 쉬는 전통적인 치료법이나 식이요법, 민간요법만으로 편하게 고쳐지지는 않는다고 주장한다. 그리고 누구든지 마음을 비우고 바쁘게 일하면서 분수에 맞는 생활을 하면 저절로 건강해진다고 강조한다. 그가 어떻게 명의가 되었을까? 자기 영혼의 밑바닥까지 내려갔기 때문이다.

이 세상에는 변변히 가진 것이 없지만 자신만이 가진 1퍼센트의 하나, 신령(信靈)을 핵으로 만든 사람이 많다. 조개가 진주를 만들어낼 때 조개 안에 모래가 가져다준 작은 상처가 핵이 되듯이 우리에게 주어진 인생의 고통과 해결하기 어려운 문제가 오히려 축복의 핵이 되는 경우가 비일비재하다.

: 아기의 고통을 통해 발견한 엄마의 핵심기술 :

아밀리아 안토네티라는 젊은 아기 엄마가 있었다. 갓 태어난 아기 데이비드는 쉬지 않고 피부를 긁어대느라 잠도 제대로 자지 못하고 먹는 것도 부실했다. 병원에 갔더니 희귀 피부병에 걸렸다며 자기들도 어찌할 도리가 없다고 했다. 그런데 신기한 것은 가려움증이 화요일에 가장 심해지고, 그 일이 반복된다는 것이었다. 피부에 발진이 나타나고 그것을 긁으면 진물이 나고, 치료하여 딱지가 앉을 만하면 다시 발진이 생겼다. 이런 일이 반복되었고 아이는 늘 자지러지듯 울었다. 엄마의 고통은 아이보다 열 배나 더 컸다. 엄마는 왜 그럴까 하고 모든 일을 세심하게 살펴보기 시작했다. 그 결과 빨래할 때 쓰는 화학세제가 원인이라는 것을 발견했다. 그녀는 화요일에 집중적으로 세탁을 했던 것이다.

고통의 시간을 통해 문제를 발견하자, 이를 바탕으로 아밀리아는 아이의 피부에 자극을 주지 않는 천연비누를 만들 생각을 했다. 그리고 수백 번의 실험 끝에 천연비누를 만들었다. 희귀병에 걸린 아이는 그녀가 만든 제품을 시험하는 리트머스지와 같았다. 아이는 이제 긁는 일이 없어졌고, 덕분에 훨씬 건강해졌다. 결국 원하는 천연비누를 얻은 것이다. 자기 아이와 같은 문제로 고생하는 사람이 많다는 것을 알고 있었기에 이웃들에게도 그 비누를 나누어주었다. 그런데 그 비누를 써본 사람들에게서 뜻밖에도 폭발적인 반응이 나타났다. 이에 고무되어 아밀리아는 천연세제 회사를 세웠는데, 그 회사가 바로 우리나라에도 잘 알려진 소프웍스다.

아이의 아픔은 엄마에게 조개 안의 모래알보다 더 큰 상처를 주었다. 하지만 그녀는 그 고통을 핵으로 삼아 진주를 만들었다. 아이의 병을 고치며 아픔을 이기고자 하는 작은 믿음이 그녀에게 핵심기술을 안겨준 것이다. 아픔을 이기고 나니 그 아픔을 겪는 다른 사람들이 보였다. 생각과 생각은 통하고 영은 영끼리 통한다. 이처럼 함께 감동하는 것을 공감이라고 한다. 그리고 공감은 입소문을 만든다.

안토네티는 《내 인생을 바꾼 한 권의 책》에서 말했다.

"특히 나를 사로잡았던 것은 사람들은 모두 여행 중이며 작가의 용어를 빌리자면 예언, 즉 길잡이는 오직 그 여행자의 눈에만 보인다는 것이었다. 타인은 그것을 볼 수 없다. 그건 그들의 길이 아니기 때문이다. 여행자가 만들어가는 여행과 선택은 다른 이들에겐 의미가 없지만 그렇다고 무의미한 것은 아니다. (…) 그날 밤 병원에서 나는 내면의 목소리를 따르기로 결심했다. '어떻게 하지?' 하며 우왕좌왕하느니 차라리 싸우다가 패하는 쪽을 택하기로 했다. (…) 코엘료의 책을 잃지 않았더라면 나는 아직도 외부에서 주는 확증을 찾으려 애쓰고 있었을 것이다."

고통은 피하려고만 해서는 절대 끝나지 않는다. 정면으로 바라보고 싸우기로 할 때 그걸 이길 힘은 내 안에 있음을 깨닫게 된다. 또 그것은 다른 이들에게 삶을 주는 생명의 핵이 된다. 이것이 신령개조(信靈開造)다. 육신이 깨어지는 아픔을 맛보아야 영혼의 단계로 나아간다. 육신의 아픔을 겪어보지 않은 사람은 영의 세계가 있는지조차 모른다. 사람들은 영감을 이야기하지만 영감이 어떻게 오는지 잘 모른다. 영감은 육신이 무너지고 마지막을 붙들 때 알 수 있는 진정한 나의 모습이다. 이것이 신령개조의 작업이다.

: 나에게 있는 아픔의 핵을 찾으라 :

우리나라에도 그런 주부가 있다. 한경희 씨, 청소기에 혁명을 불러일으킨 장본인이다. 한경희생활과학이라는 회사를 운영하며 현재 매년 1,000억 원의 매출을 올리는데, 그녀의 성공은 주부였기에 가능했다.

　하지만 그렇게 되기까지의 과정은 누구보다 고되고 힘들었다. 많은 시행착오를 겪고 겪으면서 벼랑 끝에 서기까지 했다. 결혼 후 아이 낳고 집안일을 도맡으면서 청소라도 할라치면 팔이 빠지도록 힘들었다. 걸레질 때문이었다. 목욕탕 청소나 설거지를 할 때 찬물보다는 더운물로 하면 훨씬 깨끗하다. 그래서 걸레를 팍팍 빨아서 닦곤 했는데, 그러다가 이렇게 비생산적인 일을 반복할 게 아니라 한꺼번에 해결할 수 있는 걸레청소기를 만들어보면 어떨까 하는 생각이 들었다. 그래서 만든 스팀청소기가 대박을 터트린 것이다.

우리는 여기서 핵심기술을 만들어내는 비밀 한 가지를 알 수 있다. 다름 아닌 아픔이라는 것이다. 내가 아프다. 그래서 그것을 이기고자 사투를 벌인다. 사투에서 승리하고 나면 남도 아플 것이라는 생각을 한다. 그렇다면 내가 아픔을 이겨낸 이 열쇠를 다른 사람에게 나누자고 생각하게 된다. 그렇게 해서 핵심기술이 탄생한다. 이처럼 아픔과 공감이 핵심기술이 되고 핵심역량이 되는 일은 비일비재하다. 이와 같은 사례를 이 책에서 계속 만나게 될 것이다.

07

체험에서 배우라

: 소비자의 눈으로 보라 :

2009년 봄 미국에 갔을 때, 동부에서 서부에 이르기까지 내내 홀리데이인 체인에서 묵었다. 한국에도 잘 알려진 이 호텔의 창업자는 평범한 가장이 겪은 지독한 고통 때문에 성공했다. 우리는 누구나 고통을 싫어한다. 더더구나 온 가족이 고통을 겪고 있다면 그것은 더 끔찍한 경험일 것이다. 하지만 고통은 고통으로만 끝나는 것이 아니라 슬기롭게 극복하다 보면 신령개조의 기회로 삼을 수 있다. 그 고통 속에서 장차 진주처럼 영롱한 성공이 될 핵을 잉태하는 경우가 많다. 조개 속의 모래가 크면 조개의 아픔도 크겠지만, 그만큼 핵도 커지고 진주도 커지는 것이다.

케몬즈 윌슨은 평범한 가장이었다. 모처럼의 휴가를 맞아 가족과 함께 여행을 떠났다. 그는 여행을 함으로써 휴식과 즐거움을 얻기 원했지만 가는 곳마다 호텔은 너무나 비쌌다. 그렇다고 여관에 들자니 시설과 서비스가 형편없어 가족과 함께 편히 묵을 수가 없었다. 워싱턴 D.C.에 가까이 있는 초라한 도로변의 한 모텔은 윌슨과 그의 아내에게 6달러를 요구했을 뿐만 아니라 다섯 명의 자녀 몫으로 각각 2달러씩을 요구했다. 윌슨은 자신이 노상강도를 당하고 있다고 생각했다. 이것이 그날 밤 그가 체험한, 있는 그대로의 숙박업계 모습이었다.

그는 여행에서 돌아와서도 그날 밤의 일을 잊을 수 없었다. 가족들이 쉽고 편안하게 이용할 수 있는 호텔, 적어도 어린아이들에게는 별도로 요금을 물리지 않는 패밀리 모텔이 필요하다는 생각이 떠나지 않았다. 그로부터 1년간이 핵이 진주로 변하는 시간이었다. 드디어 1년 후인 1952년에 첫 번째 홀리데이인이 세상에 모습을 드러내게 된다. 이후 홀리데이인은 전 세계 최고의 호텔 체인으로 번창한다. 그 호텔의 핵심 경영 전략이 창업주가 겪은 고초에서 비롯되었기 때문이다.

사실 성공을 만드는 핵심기술은 최고경영자가 된 후에는 만들 수 없다. 아픔을 겪는 자리에서 너무나 멀리 떨어져 있기 때문이다. 그럼에도 문제의식을 가지고 전선으로 나아가는 사람이 간혹 있다고 하자. 하지만 현장에 도착하면 이미 판단이 앞서게 된다. 최고경영자로서의 수업을 받았기 때문이다. 다시 말해 문제를 발견하고 판단한 뒤에는 그것을 담당자가 책임지게 하는 것이 지금까지 리더들이 하는 일이었다.

하지만 이것은 전선(戰線, the battle line)에서 가져야 할 태도가 아니다. 전선을 볼 때는 소비자의 입장에서 있는 그대로를 음미해야 한다. 있는 사실들을 존중하면서 관찰해야 한다. 그리고 그 사실들을 기록해야 한다. 있는 그대로의 사실 속에서 새로운 아이디어가 떠오르기 때문이다. 작가 알베르 카뮈는 "위대한 아이디어들은 비둘기처럼 조용히 세상에 나타난다. 아마도 그때 우리가 주의를 기울여 듣는다면 제국과 국민의 소란 속에서도 놓쳐버린 기회가 너무 많음을 깨닫게 될 것이다"라고 했다.

삶을 경영해나가면서 관찰하지 않고 판단부터 해버리기 때문에 기회를 잃는 예가 많은 것이다. 윌슨이 '홀리데이인'에 대한 착상을 얻은 것은 그가 세상이라는 각박한 전선(戰線)에서 외롭게 고통을 겪었기 때문이다. 이러한 사례는 수없이 많다.

제임스 본드 소설의 작가 아이언 플레밍은 스스로에 대해 그렇게 말한 적이 있다. "내가 자메이카에서 여유롭고 화려한 휴가를 보내지 않았더라면 이런 책들이 나올 수 있었을까? 아마 불가능했을 것이다." 따뜻한 자메이카의 날씨가 자신을 고취시켰다는 뜻이다.

그에 비해 잭 오닐을 고취시킨 것은 바로 차가운 산타크루즈의 파도였다. 파도타기광이었던 오닐은 찬 바닷물에 죽을 정도로 몸이 어는 것에 진력이 났다. 그래서 업계 최초로 잠수부용 웨트슈트를 발명했다. 그가 설립한 오닐사는 웨트슈트 전문제조사로 오늘날 매년 수백만 달러의 매출액을 자랑하고 있다.

이러한 경영적 감각은 고통을 겪은 사람만이 얻을 수 있다. 다시 말해 고통을 주는 현장에서 얻은 귀한 체험이 모든 사람이 공감하는 핵심기술을 만든다는 것이다. 이것은 소비자가 되어보는 것이기도 하다. 소비자의 면에 서서 차별화된 각도를 가질 수 있기 때문이다.

08

신령개조 21일의 공식

: 변화를 위한 최소한의 시간 :

캘리포니아 주 샌디에이고 시에 있는 스카이라인 웨슬리안 교회에는 존 맥스웰이라는 담임목사가 있다. 그는 변화하지 않는 사람은 도태될 수밖에 없다고 지적하면서 사람들은 다음과 같은 때 변화한다고 말했다. 첫째는 그들이 변해야만 할 만큼 충분히 상처를 받았을 때다. 둘째는 그들이 변화를 원할 만큼 충분히 배웠을 때이고, 셋째는 그들이 변할 수 있기에 충분한 능력을 받았을 때.

동물과 다르게 사람이 변화하는 방법은 두 가지다. 첫째는 문제가 터질 때까지 기다렸다가 급하게 변하는 것이다. 둘째는 변화하지 않으면 도태된다는 것을 알고 날마다 조금씩 준비하는 것이다.

우리 몸을 어떻게 유지할 것인가 하는 문제에도 같은 방법이 적용된다. 첫 번째 방법은 계속 링거 주사를 맞는 것이다. 아니면 몸에 좋다는 건강식품을 끊임없이 먹는 것이다. 대개의 사람이 이 방법으로 목숨을 부지한다. 두 번째 방법은 아예 몸을 건강 체질로 만드는 방법이다. 이때 가장 중요한 것이 산성체질인 몸을 중성으로 만드는 것이다. 몸에는 물과 산소가 가장 중요하다. 온몸 구석구석 산소와 좋은 물이 들어가면 당연히 몸은 산성에서 중성으로 변한다. 그리고 육식을 일주일에 한 번 정도 하든지 아니면 전혀 하지 않는 것이 몸이 산성화하는 것을 막는다. 이렇게 한 다음 적당한 유산소운동을 해주어야 몸이 건강체질로 바뀐다. 그런데 체질은 바꾸지 않고 다른 방편으로 건강을 찾으려 하면 결국 몸을 망치게 된다.

이런 사람이 있었다. 마흔두 살에 헬스를 시작해서 3년 만에 장년부 1등을 한 사람이다. 처음 운동을 시작하면서 아령을 열심히 했는데 손이 덜덜 떨렸다. 산에 열심히 오른 다음 날 다리가 후들거리는 것처럼 말이다. 주위 사람들은 그 나이에 무슨 그런 운동을 하느냐고 비아냥거렸다. 그렇지만 이왕 시작한 것 안 아플 때까지

하기로 했다. 과연 자꾸 하다 보니 떨리는 것이 없어졌고 5킬로그램짜리는 일도 아니게 되었다. 곧 10킬로그램에 도전했는데 그러자마자 또 손이 떨렸다. 그것도 조금 하다 보니 떨리지 않았고 이렇게 30킬로그램까지 들게 되었다. 윗몸 일으키기도 마찬가지였다. 100번, 200번 점점 횟수를 늘려나갔다. 결국 쉰의 나이에 허리 26, 가슴 44의 멋진 몸매가 되었다. 그가 바로 서울대학교 산업공학과 이면우 교수다.

이 교수가 말하는 자전거이론에 의하면 자전거를 처음 탈 때 많이 넘어지는 사람일수록 빨리 배운다고 한다. 아픔이 쌓여야 내공이 된다. 아무리 초보자라 하더라도 물에 3천 번쯤 빠지면 누구라도 윈드서핑의 도사가 되고, 하루 수십 번씩 슬로프에서 넘어지기를 계속하면 스키의 명수가 될 수 있는 법이다. 실제로 총알을 2만 발 정도만 쏘면 서부활극에 나오는 명사수가 된다고 한다.

처음에는 뭐든지 어렵고 힘이 든다. 쉬운 일이 없다. 그렇지만 자꾸 하다 보면 얼마 후엔 요령이 생긴다. 이때 좋은 방법이 바로 한 단계씩 높여가는 것이다. 인생의 도전에서도 마찬가지다. 어려운 일에 도전해본 사람은 도전근육이 생겨서 도전의 강도를 자꾸 높여가게 된다. 습관 변화의 법칙에 따르면, 새로운 습관은 21일째에 몸에 익어 66일째가 되면 거의 내 것이 된다.

: 원천기술이 없으면 종속에서 벗어날 수 없다 :

언젠가 한 신문에서 서울대 공대생 23명이 사법고시에 합격했다고 대서특필한 적이 있다. 지금도 100명에서 150명의 공대생이 머리를 싸매고 골방에서 법전을 외워대고 있다고 한다. '나도 늦기 전에 고시라도 시작할까' 하며 마음의 갈피를 못 잡은 채 고시공부의 언저리를 헤매고 있을 대학생들의 수를 헤아리자면 그 몇십, 몇백 배는 될 것이다.

어떤 기자가 두 명의 재벌기업 총수에게 "왜 기술력도 확보되지 않았는데 공장을 자꾸 늘려갑니까?"고 물었다고 한다. 두 사람의 대답이 똑같더란다. "공장이 없으면 파이낸싱이 안 되잖아!" 그 두 기업은 IMF 전후에 무너졌다.

그때 한 명이 이런 얘기를 했단다. "생산성 향상? 그거 별 의미가 없어요. 이윤이라는 게 기껏해야 5~6퍼센트인데, 생산성 30퍼센트 높이면 뭐합니까? 그래봐야 2퍼센트포인트 정도 이윤을 더 남길 뿐이죠. 공무원들하고 골프 치고, 술 먹고 해서 큰 프로젝트 하나 따면 20퍼센트, 30퍼센트 이윤은 그냥 뽑아요. 로비 잘하는 게 생산성 향상시키는 것보다 열 배는 쉽게 돈 버는 일입니다."

즉 공장을 세워서 은행 돈을 빌리고, 그 돈을 부동산에 투자하고, 덩치를 키워 정부의 특혜를 받고…. 많은 기업이 그런 식으로 살아온 것이다. 그러니 그 체질이 지금이라고 해서 바뀌었겠는가? 지금 중국의 산업이 이런 체제에서 이뤄지고 있다. 정부주도의 경제 개혁은 속 빈 강정만 만들어낸다.

우리나라의 무역규모가 세계 8위라는 등 2012년에는 2년 연속 1조 달러를 돌파했다는 등 떠들어대는 이들이 있다. 하지만 샴페인을 터뜨리기는 아직 이르다. 우리가 볼 때는 늙은 곰처럼 보이는 미국이지만 미국이 노리는 것이 있다. 지적재산권이다. 개발도상국들이 지금은 기술을 베끼고 저작권도 함부로 사용하지만 OECD에 들어오면 그 대가를 혹독하게 치러야 한다. 미국이 자신들의 무역불균형을 참으면서도 개발도상국이 성장하기를 기다리는 것은 다 이런 이유 때문이다. 우리나라도 타겟이라는 점을 잊어서는 안 된다. 따라서 진정한 선진국을 꿈꾸려면 원천기술을 끝없이 만들어내는 신령개조를 해야 한다. 아직도 발견되지 않은 미지의 세계는 있고, 정복해야 할 미지의 영역은 남아 있으니까.

사실 우리나라는 과학기술 외에는 국가경쟁력으로 삼을 만한 것이 없다. 제주도를 천혜의 관광지라고 하지만 1년 중에 비 오는 날이 100일이 넘어 세계적인 관광지로는 썩 좋은 조건이 아니다. 발리나 하와이에 가본 사람들은 금방 고개를 끄덕일 것이다. 관광자원으로 먹고살기에는 우리 문화유산은 너무나 빈약하다. 오히려 앙코르와트가 있는 캄보디아가 더 제격이다.

자원도 빈약하고 관광지도 부족하므로 우리가 돈을 벌 수 있는 원천은 과학기술과 창의력뿐이다. 그런데 우리 교육 현실은 과연 이 방향으로 나아가고 있을까? 대한민국의 대학이 창의력과 과학 기술을 위한 시스템을 갖추고 있느냐, 학생들이 과학기술을 제대로 배우고 있느냐를 검토해보아야 한다. 우리의 5년 후, 10년 후가 여기에 달려 있기 때문이다.

그럼에도 우리에겐 원천기술, 오리지널 아이디어가 너무나도 부족하다. 예컨대 삼성전자는 2008년 이전에는 핸드폰을 하나 만들 때 퀄컴에 지불해야 하는 로열티가 판매가의 15퍼센트 정도였다. 반도체를 만들려면 설비와 부품을 일본에서 모두 수입해야 했다. 앞으로 남고 뒤로 밑지는 장사다. 원천기술이 없으면 영원히 종속될 수밖에 없는 것이 이 시대의 특징이다.

: 자기계발을 해야 한다 :

잠언에 이런 구절이 있다. "아이의 마음에는 미련(未練)한 것이 얽혔으나 징계하는 채찍이 이를 멀리 쫓아내리라."(잠 22:15) 여기서 '미련한 것'은 아직 세련(細鍊)되지 않았다는 것이다. 세련이라는 것은 잘 연마되어 날이 잘 드는 칼과 같다는 것이다. 미련한 날을 가진 사람과 세련된 날을 가진 사람은 일하는 데서 차이가 난다.

이지성이 쓴 《스물일곱 이건희처럼》이란 책에 보면 이건희 삼성

개조 프로젝트가 소개되어 있다. 이건희는 1993년 신경영 선언을 한 후 삼성 임직원을 대상으로 3개월 동안 1,200시간에 이르는 강의를 했다고 한다. 200페이지짜리 책으로 따지면 45권 분량이나 되는 엄청난 양이다. 그런데 그 강의의 메시지는 거의 같았다고 한다.

"자기계발을 해야 한다."

"사람의 인생을 완벽하게 바꾸는 것은 행동이다."

"그 행동은 사고방식에서 비롯된다. 삶을 변화시키고 싶다면 사고방식을 변화시켜라. 자기계발은 사고방식을 바꾸는 것이다."

그리고 이건희 회장이 직격탄과 같이 날린 다음과 같은 한마디가 그의 강의 목적을 대변한다. "내가 말한 것을 100번쯤 비디오로 틀어놓고 들으면 귀가 뚫리고 행동으로 옮겨질 것이다."

이건희는 말한다. "잘나가던 일류 인재나 일류 기업이 한 번 패배해서 이류 인생, 이류 기업이 되고 나면 다시 일류로 올라서기가 여간 어려운 일이 아니다. 그것은 패배 자체의 타격보다 패배의식이 심중에 스며들었기 때문이다. 우리는 전후의 잿더미에서 세계가 부러워하는 경제 성장을 일궈냈다. 그동안 만난 외국의 여러 인사는 이런 성장과 발전을 기적이라고 하는 데 주저함이 없었다. 그와 같은 기적에 바탕이 되었던 것은 '우리도 할 수 있다'는 가능성에 대한 믿음이었다. 그런데 패배의식은 이런 가능성을 잠재운다. 패배의식이 공포를 불러오고 의지와 행동을 위축시키기 때문이다. 어느 국가·사회·기업을 막론하고 진정한 힘은 사람에게서 나오며, 그 힘은 바깥에 있는 것이 아니라 각 사람의 마음속에 있는 것이다."

이지성 씨의 책을 읽으면, 차가운 물로 세수를 한 듯한 느낌이 든다. 그만큼 정신이 들어서 무언가를 해야겠다는 동기가 부여된다. 특히 자기계발서적의 중요성을 강조한 점이 인상 깊다. 그는 말하길 "자기계발서적에 따가운 시선을 갖는 분들이 많다. 읽다 보면 그 소리가 그 소리라고 말한다. 하지만 비판하는 사람들 대부분은 행동하지 않는다. 그들은 다 알고 있다고 말하면서도 행동은 없다. 행동하도록 자신의 혼과 영을 흔들어 깨우기 위해서라도 자기계발서를 읽어야 한다"고 했다.

이지성 작가의 말처럼 사실 자기계발서에도 좋은 책이 있고, 시시한 책이 있다. 같은 내용을 어떻게 전달하느냐에 따라 감동이 다르다. 좋은 자기계발서를 고르는 안목은 결국 꾸준히 읽는 데서 온다. 자기계발서를 계속하여 읽다 보면, 사고방식이 변한다. 신령개조가 되는 것이다. 신령개조가 되어야 성공하는 소수의 행동가 그룹에 들어갈 수 있다.

: 천지개벽의 에너지 :

인간은 창조 이래로 끊임없이 진화한 것이 아니라 끊임없이 나락으로 떨어졌다. 최초의 인류는 기본 수명이 1,000살이었다. 하지만 타락하고 명철이 무디어져 인간의 생각은 점점 퇴락해갔다. 인류의 역사가 발전의 역사라고 보는 것은 부분적으로 맞는 말이다. 홍수 이전의 인간은 영적 능력이 매우 뛰어나서 죽지 않고도 하늘로 올라갔다. 자연계에는 일종의 층이 존재한다. 지하와 지상 그리고 천상이다. 지하에는 광물질이 존재한다. 그 광물질의 세계는 지상의 식물계가 다스린다. 식물계는 동물계가 다스리고 인간은 그 모든 것을 다스린다. 물론 인간은 하늘이 다스린다. 그런데 인간의 의식세계가 타락하여 만물의 가장 낮은 단계인 돌과 나무를 섬기며 그것들에 복을 빈다. 이것은 정령숭배 사상보다 못한 미개한 생각이다. 그러한 인간의 미개한 사고는 자기 자신을 보는 눈에도 영향을 준다. 그러니까 평범한 사람이 변화하려면 천지개벽의 에너지가 들어가야 한다.

그것을 이지성 씨는 대략 1톤 분량의 자기계발서적을 집중적으로 읽어야 한다는 것으로 표현한다. 즉 그렇게 1톤 분량의 자기계발서를 읽으면 이병철, 정주영 같은 불굴의 정신을 가진 사람으로 변화할 수 있다는 것이다. 그렇다면 대체 몇 권의 책을 읽어야 한다는 것일까? 책 한 권이 대략 500그램 정도 나간다고 할 때 약 2

천 권을 읽어야 한다는 계산이 나온다. 결론적으로 말하자면, 부정적인 사고방식을 가진 사람을 긍정적인 사고방식의 소유자로 바꾸려면 약 1톤 정도의 긍정적인 정보가 필요하다는 것이다.

목회를 하다 보면 늘 벽에 부딪히는 것이 있다. 설교나 목회의 목적은 사람이 새사람으로 변화하는 데 있는데 도대체 변하지를 않는 것이다. 그러니 자괴감이 든다. 그래서 2010년부터는 성경공부와 더불어 독서공부를 시작했다. 특히 남성 신자들을 대상으로 1주일에 한 권씩 책을 읽고 독후감을 쓰게 하고 서로 토론을 했다.

그 결과 놀라운 일이 일어났다. 1년 내내 설교해도 변화하고 결단하지 않던 사람들이 책을 읽고 토론하자 다섯 권째부터 눈빛이 달라지기 시작한 것이다. 무엇보다 꿈이 생기고 비전을 품기 시작했다. 특히 《스물일곱 이건희처럼》을 읽고 난 후 큰 변화를 보였는데, 가장 두드러진 모습은 독서는 꼭 해야 한다는 다짐이었다. 잠자는 시간 좀 줄여서 영어공부 좀 하고, 자기계발서 몇 권 읽고, 열심히 헬스하고, 더욱 성실히 회사 일 하고, 경제신문 좀 읽는 정도로는 성공은커녕 그 근처에도 가지 못한다는 말에 다들 공감하기 시작한 것이다.

마흔두 살에 이른 한 신자는 "인생에서 결단을 한다는 것은 잠자고 있는 호랑이의 등에 올라탔다가 호랑이가 그만 깨어나면 죽기 살기로 매달려 있어야 하는 것과 같다"는 말을 하면서 변화하지 않으면 결국 매일 그런 인생을 살다가 끝이 날 것이라고 독후감을 써 오기도 했다.

또 한 장로님은 이렇게 썼다. "진정으로 우리 자신을 변화시키고 싶다면 참으로 독한 결단을 내려야 한다. 과거의 나를 가차 없이 화형시키는 그런 결단 말이다."

성경이 말하는 중생의 체험이 신령개조다. 당신이 꿈을 갖지 않는 이유, 당신이 꿈을 이루기 위한 구체적인 행동에 돌입하지 않는 이유는 당신의 두뇌가 꿈을 이룰 수 있다는 사실을 믿지 못하기 때문이다.

'깨진 유리창 법칙'이라는 것을 들어본 적이 있을 것이다. 미국 범죄학에서 나온 이 용어는 사소해 보이는 잘못을 방치하면 더 큰 잘못이 일어날 수 있음을 의미한다. 허술해 보이는 골목에 본넷을 연 자동차 두 개를 놔두고 그중 하나의 유리창을 깨뜨린 후 일주일간 관찰했다. 그 결과 본넷만 열어둔 자동차는 크게 변화가 없었지만 유리창이 깨져 있던 자동차는 거의 폐차 직전에 이르렀다고 한다. 정리하자면, 맨 처음 발생한 사소한 일을 잘 다스려야 성공에 이를 수 있다는 것이다.

새로운 아이디어로
승부하라

과거의 방식으로 싸우지 마라.

- 로버트 그린, 《전쟁의 기술》 -

09

창의개혁하라

: 이항대립적 사고에서 삼항순환 구조로 :

로버트 그린은 《전쟁의 기술》에서 이렇게 말했다. "애지중지하던 신념과 원칙을 재점검하라. 이론이 도그마로 굳어가는 성향에 대해서는 맞서 싸워야 한다."

당신의 창의력에 1퍼센트의 싹도 없다면 당신은 과거의 도그마(교리)에 포로가 되어 있다는 것을 증명하는 것이다. 몇 년 전 미국 맨해튼의 한 고층건물에서 사무실 입주자들이 엘리베이터가 너무

느리다고 건물주에게 불평하는 일이 벌어졌다. 그래서 건물주는 운행 알고리즘을 바꾸기 위해 컴퓨터 프로그래머를 고용했다. 하지만 불평의 목소리는 줄어들지 않았다. 비싼 비용을 들여 빠른 모터까지 설치했음에도 불평은 끊이지 않았다. 심지어 입주자 중 몇은 건물을 옮기겠다고 나왔다. 절망적인 심정이 된 건물주는 마지막으로 공학기술자를 고용해 추가로 엘리베이터를 설치하는 데 들어가게 될 비용을 산정해보았다. 그런데 비용이 추가되는 것뿐 아니라 엘리베이터를 더 설치함으로써 임대 공간이 줄어들어야 하니 건물주에겐 엄청난 손실이 발생할 게 뻔했다.

심각한 고민에 빠져 있던 건물주는 사촌에게서 과거에는 전혀 생각해보지도 않았던 색다른 아이디어를 제공받는다. 바로 엘리베이터 안에 거울을 한번 붙여보는 게 어떠냐는 것이었다. 지푸라기라도 잡는 심정으로 건물주는 거울을 설치했다. 그런데 놀랍게도 엘리베이터에 대한 불평이 사라졌다. 이것은 실제 미국 맨해튼에서 벌어진 일이다. 1퍼센트의 창의개혁으로 추가 비용을 들이지 않았음은 물론 모든 것이 해결되는 효과를 본 것이다.

이전 세기는 서구문명의 영향으로 이항대립의 사고구조로 사물을 분석하고 조립했다. 여기서 이항대립이란 두 가지의 대립적인 요소가 한 짝을 이루는 것을 뜻한다. 철학적으로 이항대립의 기원은 플라톤에서 찾을 수 있다. 예를 들면 성/속, 남/여, 아/타 등의 구분을 통해 텍스트나 신화, 사회의 의미망과 상징적 질서가 구축된다는 것이다.

이항대립은 고정관념과 사회적 위계 질서를 형성하고 유지하는 데 필수적이다. 이항대립적 사고는 모호함이 없이 선명하게 질서 지어주기 때문이다. 하지만 타자에게 침묵을 강요하면서 독단적인 정치적 위계를 구축하게 된다.

전기의 플러스와 마이너스, 디지털의 이진법과 같은 이항대립적 사고체계는 지난 세기 인류의 문명을 획기적으로 끌어올렸다. 하지만 여기에 문제가 생겼다. 그래서 세계는 아시아적 사고체계로 눈을 돌리고 있다. 그 핵심은 태극적인 사고다. 음과 양의 이항대립적 구도이지만 이 둘의 작용으로 제3의 힘, 즉 완충적 상생이 생긴다. 홀짝과 같은 이기고 지는 게임이 아니라 가위바위보와 같은 삼항순환(三項循環)이 이 시대의 대안적 사고체계다.

이어령 교수는 이렇게 말한다. "가위는 보를 이기고 보는 주먹을 이기고 주먹은 가위를 이기며 때로는 비기기도 한다는 사고다. 근대를 초극하려 한 유럽은 조화와 상보가 창조의 원동력이 된다는 아시아적 미학과 사상에 주목해왔다. 과학에서는 닐스 보어, 영화에서는 세르게이 에이젠슈타인이 그 예다. 보어는 노벨상을 받은 후 태극 도형을 가문 문장으로 삼았다. 그리고 태극 위에는 '대립은 곧 상보(contraria sunt comprimanta)'라고 적었다. 영화감독 에이젠슈타인은 세 폭 족자로 비대칭 순환구조를 만드는 아시아 미학을 이용해 15세기 러시아 이콘화의 거장 안드레이 류블로프의 '삼위일체'의 구도를 분석, 자신의 영화문법으로 만들었다. 주커버그의 페이스북이나 스티브 잡스의 인터페이스 혁명 역시 이항대립을 삼항순환구조로 바꾸는 창조적 사고라 할 만하다."

그러면서 "아시아 시대의 문명을 여는 키워드는 서구문명을 발전시켜온 이항대립의 '이것이냐 저것이냐(either-or)'의 배제적 사고를 삼항순환의 '이것도 저것도'의 포함적 사고로 바꾸는 것이다"라고 했다. 이 교수의 말을 정리하면 기술 중심의 사고에서 어울림과 사람 중심의 사고로 점점 다가가고 있다는 것이다.

ː 다자적 사고와 스마트 팀적 사고 ː

미국의 일간지 〈워싱턴 포스트〉는 지난 1천 년을 되돌아보았을 때 세상이 도저히 잊을 수 없는 기념비적인 사람으로 칭기즈칸을 꼽은 적이 있다. 칭기즈칸은 유목민으로서 기동성 하나로 전 세계를 점령했다. 이것은 과거에는 찾아볼 수 없었던 공격방식이었다. 이 방식으로 유럽 대륙과 멀리 러시아까지도 정복했다. 러시아는 쉽게 정복할 수 있는 땅이 아니었다. 나폴레옹도 실패했고 히틀러 역시 러시아에서 고배를 마셨다. 그런데 칭기즈칸은 거뜬히 점령했다.

유럽 대륙을 공포의 도가니로 몰아넣었던 칭기즈칸 군대의 강력한 힘은 도대체 어디서 나왔을까. 바로 과거의 방식을 버린 혁신적인 방식에서 기인했다.

그 혁신의 첫 번째는 바로 다자적 사고다. 군대라는 조직은 존재하되 전체적으로는 규율만 있을 뿐 상황에 맞는 구체적인 명령은 현지에서 현지 방식으로 집행한다는 원리다. 비슷한 예를 가까이에서 찾을 수 있다. 미국과 영국의 쟁쟁한 대형 마트들이 한국에서는 힘을 못 쓰고 철수 내지는 한국화되지 않았는가. 이는 한국인들의 현지 적응능력이 뛰어나다는 것을 증명하는 것이기도 하다. 그러다 보니 원형은 수입했지만 다자적 접근법으로 새로운 운영체계를 만든 것이다. 그러고는 오히려 그것을 역수출하기에 이른다. 홈플러스나 이마트, 롯데마트는 중국과 동남아시아에서 현지화에 성공해 새로운 소비문화를 주도하고 있다.

또 한 가지는 팀 중심적인 사고다. 서양이 생각해내지 못한 전쟁의 방식, 원정전쟁을 위한 철저한 팀제를 가리킨다. 칭기즈칸의 군대 규모는 10만 명 정도밖에 되지 않았다. 그런데 그의 군대는 10인 1팀의 매우 날렵한 기마부대로 조직됐다. 상급부대든 하급부대든 간에 모두 10인 1팀이었다. 요즘 곳곳에서 부각되고 있는 팀제를 당시 도입했던 것이다. 그래서 지위고하를 막론하고 지휘관은 자기 수하에 있는 아홉 명의 하급만 관리하면 됐다. 그렇게 조직이 단출한 덕분에 병사들은 1인당 8~9마리의 말을 몰고 진격할 수 있었다. 한 시간쯤 달리다가 말이 지치면 다른 말로 바꿔 탔다. 이런 식으로 해서 기동성을 유지했다. 군대 식량은 가축의 젖을 짜 말려서 해결했다. 장기전에 대비해 양을 잡아 말린 양고기 가루 '보르츠'도 갖고 다녔다. 보르츠는 부피가 작고 가벼워 군대식량으로 안성맞춤이었다. 보르츠 1포대는 2~3킬로그램에 불과했다. 그래서 병사 1인당 군장 무게가 20~30킬로그램으로 무척 가벼웠다. 그럼에도 그것으로 길게는 1년을 버틸 수 있었다. 중세 유럽 기사의 군장 무게가 40~60킬로그램이었던 것에 비하면 절반 수준인 셈이다. 칭기즈칸 군대는 황색 돌풍을 일으키며 백인세상을 완전히 휩쓸었다.

앞으로 우리의 사고체계도 이러한 기동성을 갖추어야 한다. 말 타고 달리는 기동성을 말하는 게 아니다. 자동차 타고 달리는 기동성을 말하는 것도 아니다. 생각의 기동성을 말하는 것이다. 세상은 초 단위로 변하는데 우리의 생각이 이를 따라가지 못한다면 결국 도태될 수밖에 없다. 창의개혁적인 생각의 기동성을 갖추고 새롭게 펼쳐지는 사이버 광야 시대를 달려가야 한다. 이를 적용하면 식사나 문화 그리고 레저나 예술에서도 이러한 시대적 트렌드를 이해할 때 새로운 방향에서의 창조성이 도출될 수 있다.

: 새로운 DNA를 찾고 이식하라 :

새로운 시대는 새로운 생각을 원한다. 새로운 사고체계 안에서 새롭게 시작할 1퍼센트가 필요하다. 세상에선 성공 DNA가 있는 사람만이 성공한다. 또 아무나 오를 수 있다면 그 산은 내가 오를 산이 아니다. 성공하려면 영적, 혼적 혈통을 개조해야 한다. 성공혈통은 따로 있다. 그래서 신령개조(信靈開造)해야 한다. 사람의 밥은 그저 밥이 아니다. 생각이며 믿음이다. 어떤 밥을 먹느냐에 따라 방귀가 다르듯이 어떤 생각과 믿음을 가졌느냐에 따라 언어가 다르고 행동패턴이 달라진다. 남다른 행동을 보이는 사람은 그 안에 남다른 생각과 믿음이 있다.

엄격한 의미에서 보면 성공하는 DNA는 누구에게나 있는 것이 아니다. 약간 이상하게 들릴지 모르지만 황제의 씨, 정승의 씨가 따로 있다. 왕자는 그냥 되는 게 아니다. 왕자수업을 받기 때문에 왕자가 된다. 뼛속 깊이 왕자라는 의식을 가진 사람은 생각이며 태도에서 왕자의 품위가 넘친다. 그 안에는 다른 피도 있지만 그것보다 더 중요한 왕자의 의식이 존재하는 것이다.

왕자의 의식을 소유하면 나도 황제가 되고 정승이 되고 성공자가 된다. 난 그 씨앗이 신령창의(信靈創意)라고 생각한다. 믿음의 정신과 창의적 정신, 열정과 의지로 무장하는 것이다. 그래서 왕이 되고 싶고 귀족이 되고 싶은 사람은 배움도 그렇게 해야 하고 공부도 진짜 공부를 해야 한다. 천재가 되려면 천재들의 사고를 따라가는 독서를 해야 하고 성공자가 되려면 성공자의 DNA를 이식해야 한다.

기득권을 위한 특수 교육으로 제왕학이라는 것이 있다. 그 기원은 18세기의 '그랜드 투어'에서 찾을 수 있다. 이는 영국의 신부 리처드 러셀스가 1670년에 발간한 《이탈리아 여행(The Voyage of Italy)》이라는 책에서 처음으로 사용한 용어다. 그는 책에서 진짜 공부를 하려면 고전과 인문학 공부를 해야 하고, 진짜 이해하기 위해서는 그 분야에 조예가 깊은 지역을 방문하는 그랜드 투어를 해야 한다고 역설했다.

유전자의 재조합이 일어나려면 책상머리에서 하는 공부 말고 진짜 공부를 해야 한다. 진짜 공부는 내 혼과 영에 새겨진다. 사람의 혼과 영은 전두엽에 있다. 신령창의의 DNA를 가진 사람은 뇌의 발달 부위가 다른데, 그곳이 전두엽이다. 전두엽은 의욕, 창조, 감정을 다루는 부분이다. 성공하는 사람의 전두엽은 구조적으로 차원이 다르다. 과학자들이 빈자의 뇌와 부자의 뇌를 비교, 분석한 결과 '빈자와 부자는 전두엽이 다르다'는 사실을 발견하기도 했다. 특히 전두엽 부분의 백질과 회백질의 차이는 부자와 빈자를 가르는 중요한 시금석이다.

: 장사와 경영 :

성공한 사람의 비밀은 어디에 있을까? 어떤 분야에 특별히 두각을 드러내는 사람들의 공통점은 무엇일까? 그 비밀은 다른 데 있지 않고 전두엽을 중심으로 형성된 뇌의 회로와 관계가 있다. 영국의 진화생물학자 리처드 도킨스는 이를 '밈(meme)'이라고 했다. 배우는 내용에 따라서 우리의 밈이 결정된다. 인간이 밈을 만들지만 결국 밈이 우리를 인도한다. 마치 비행기의 자동항법 장치처럼 말이다.

밈을 만드는 원리는 전두엽에 있다. 전두엽의 시냅스가 밈의 결정체다. 뇌는 세포와 시냅스의 결합체. 이 시냅스가 어떻게 연결되어 있느냐, 얼마나 치밀하냐에 따라 기능에 차이가 난다. 어릴 때 형성된 뇌 회로는 평생 그 사람의 성격과 성품, 공부의 능력을 형성한다. 잘못 설계되고 형성된 뇌 회로 때문에 일생이 달라진다.

베스트셀러 《육일약국 갑시다》의 저자이자 엠베스트 대표인 김성호 씨는 마산의 달동네에 있는 4.5평의 작은 약국에서 사회에 첫발을 디뎠다. 빚 600만 원과 함께 시작된 약국생활, 하지만 그는 약장사를 한다는 고전적인 생각을 창의개혁했다. 그가 창의개혁적인 생각을 한 이유는 '장사'를 하면 10년 후에도 '장사'를 하지만 '경영'을 하면 10년 후에는 'CEO'가 되어 있으리라는 데 생각이 미쳤기 때문이다. 창의개혁적인 생각을 하자 해야 할 일이 분명해졌다.

그는 우선 택시를 탈 때마다 "육일약국 갑시다"라고 했다. 그것은 자신의 4.5평 약국을 그 동네의 랜드마크로 만들기 위한 전략 중 하나였다. 그 결과 1년 6개월 만에 마산에서 육일약국을 모르는 사람이 없게 되었다. 그의 창의개혁적인 생각은 남들이 보기에 기적처럼 보였다. 하지만 그것은 기적이 아니라 뇌 회로를 바꿈으로써 가능해진 것일 뿐이다.

사실 부자들이 왜 부자인가? 그들의 뇌 속에는 무엇보다 꿈과 믿음[信]이 분명하게 자리 잡고 있다. 그리고 금전에 대한 생각이 남들과 다르다. 십 원짜리 하나라도 허투루 쓰지 않고 귀하게 여기는데, 이것은 인내력과 집중력이 있기 때문이다. 그뿐 아니라 그들은 사람들과 관계도 잘 맺고 잘 유지한다. 인간관계는 성품의 문제다. 그들은 사람을 상대할 때 기분에 좌우되지 않는다. 평정심과 객관성을 잃지 않기 때문에 정보의 흐름을 인지하고 수집하고 분석하는 데 남다른 능력을 발휘할 수 있다. 이 모든 것은 전두엽을 강화할 때만 나타나는 능력이다. 신령창의의 DNA는 전두엽에 심어지는 중요한 유전자다.

캘리포니아 대학교의 애드리안 레인 교수에 따르면 사기꾼들은 전전두엽에 백질(白質)이 일반인보다 22~26퍼센트가량 더 많고, 회백질(灰白質)은 14.2퍼센트 더 적었다고 한다. 뇌의 표면은 백질과 회백질로 나누어진다. 백질은 신경세포 간의 전기신호를 전달하고 뇌의 각 부분을 연결하는 긴 신경섬유 다발로 이뤄져 있으며,

회백질은 정보처리를 담당하는 곳으로 신경세포인 뉴런으로 구성되어 있다. 신호를 뇌 전체에 전달하는 신경섬유가 들어 있는 백질과 학습과 기억을 관장하는 뇌세포를 돕는 회백질은 나이가 들면서 수축한다. 그리고 그에 비례해 뇌의 인식기능도 저하한다.

인간의 사고 활동은 이 수많은 뉴런의 동시다발적인 병렬 처리에 의해 이루어진다. 두뇌의 여러 부위에 부호화된 많은 정보의 무수한 배열 속에서 공명과 간섭이 동시에 발생한다. 진주를 만드는 핵은 다른 곳이 아니라 마음에서 자라나고, 마음이라고 정의할 만한 의식의 결집체는 전두엽에 있다. 따라서 마음을 굳세게 하고 마음을 잘 컨트롤하려면 전두엽 부위를 강화시켜야 한다. 그래야 목표를 이룰 때까지 끈질기게 나아갈 수 있다.

: 누룩인가, 밀가루인가 :

어릴 때 최고의 외식은 짜장면이었다. 누구나 그럴 것이다. 그런데 수타 짜장면을 먹으려고 중국집에 가면 늘 궁금한 게 있었다. '기계면이 빠르지, 수타로 언제 면을 뽑을까?' 그런데 나중에 수학을 배우고 보니 수타가 기계보다 훨씬 빠르다는 것을 알게 되었다. 열 번만 잡았다 늘리면 1,024가닥의 가느다란 면발이 나오기 때문이다. 이렇게 하는 데 걸리는 시간은 채 5분이 되지 않는다. 기계면은 아무리 빨라도 7분 이상이다. 수타면의 비밀은 제곱에 있다. 우리의 생각을 만들어내는 시냅스도 제곱으로 늘어난다. 자신감이든 영감이든 모든 생각은 기하급수로 늘어난다.

마음의 자신감은 전염성이 강한 바이러스와 같고, 밀가루를 순식간에 변화시키는 누룩과 같다. 세상은 밀가루를 무서워하지 않는다. 우리에게 서 말의 밀가루가 있다고 자만하면 세상은 삼십 말의 밀가루를 들고 나온다. 하지만 설령 삼백 말의 밀가루가 있다 한들 세상을 밀가루로 뒤덮지는 못한다. 다만 세상을 변화시키는 것은 한 줌의 누룩이다. 1퍼센트의 핵을 누룩처럼 사용해야 세상을 뒤집어엎는다.

당신은 '누룩'인가, '밀가루'인가?

누룩이 바로 성공 DNA다. 뇌세포인 뉴런에는 뿌리 쪽에 축삭돌기가 있고 머리 쪽에 수상돌기가 있다. 수상(樹像)이란 나무 모양이란 뜻이다. 나무가 어떻게 자라는지 관찰해보면 수상돌기를 더 잘 이해할 수 있다. 한 개의 줄기로 시작된 나무는 1년이 채 되지 않아 수많은 가지를 만들고 더 수많은 이파리를 달게 된다. 이것이 수상이다. 한 개의 시냅스는 우리의 생각에 따라 21일이면 수백만 개로 늘어나고 31일이 지나면 30억 개로 늘어난다. 즉 수상돌기나 누룩이나 똑같이 기하급수로 늘어난다. 생각이 이와 같다. 작은 생각의 실마리 하나가 노벨상을 받게 만들기도 하고 지구를 구하는 아이디어가 되기도 한다.

　우리가 성공하는 방법은 이파리를 바꾸는 방법이 아니라 뿌리를 바꾸고 원칙을 고치는 것이다. 근본이 되는 줄기세포는 1퍼센트만 있으면 된다. 그러면 기적이 일어난다. 제대로 된 1퍼센트를 확보하여 열 번만 증식시키면 줄기에 변화가 온다. 그렇게 서른 번만 증식시키면 전체가 몽땅 변화한다. 그러므로 지금 아무것도 가진 것이 없다고 불평하지 말고 제대로 된 1퍼센트의 핵심을 만들고 몰입하자. 그러면 이 세상 최고의 나를 만들 수 있다.

10

판도를 바꾸라

: 조합을 달리하라 :

신창개업(信創開業), 신령개조(信靈開造)의 원리에 이어 세 번째로 알아야 할 것은 창의개혁(創意開革)이다. 창의개혁이란 발상의 전환을 만들어내는 능력을 말한다. 발상의 전환이야말로 현대 사회에서 가장 필요한 능력이 아닐까 한다.

　제과제빵 업계에서 일해온 사십대의 한 일본 남자가 사업 아이템을 놓고 고민을 거듭하고 있었다. 오랫동안 면밀히 시장조사도 했다. '10년 전부터 연령과 성에 관계없이 폭넓은 인기를 누린 상품이 무엇인가. 지금도 여전히 시장에서 인기를 누리고 있는 것은 무엇인가.'

그는 조사 과정에서 한순간 폭발적인 인기를 누렸지만 금세 사라진 상품이 적지 않다는 것을 알게 됐다. 그는 후보 아이템으로 위험이 적은 초코 케이크, 치즈 케이크, 슈크림 빵 등을 추려냈다. 그런데 초코 케이크는 재료의 가격변동이 심해서 제외했다. 치즈 케이크도 이미 대형 체인점이 버티고 있어서 포기했다.

그는 대형 업체들처럼 먼 거리의 공장에서 만든 슈크림 빵을 받아서 되파는 방식을 취하지 않고 즉석에서 만들어 파는 방식을 취했다. 조합을 달리하여 생각한 것이다. 그래서 탄생한 것이 비어드파파 제과다. 비어드파파는 오직 슈크림 빵만 만들어 팔았다. 가격도 개당 120엔으로 통일했다. 그리고 고객들에게 신뢰를 주기 위해 제빵 과정을 모두 보여주었다.

빵이 다 구워질 때쯤이면 여종업원이 일부러 큰 소리로 외친다. "슈크림 빵이 다 구워졌습니다. 오븐 문을 열겠습니다!"

또 종업원들은 차례를 기다리고 있는 고객들에게 수시로 손을 흔들면서 외친다. "우리가 쓰는 크림은 두 시간마다 직접 만듭니다."

비어드파파는 주부들이 몰리는 백화점, 슈퍼마켓 매장을 집중적으로 뚫고 들어갔다. 1999년 4월 오사카에 첫 점포를 열었으며 현재 점포 수는 300여 개나 된다. 비어드파파의 평당 월 매출은 대형 패밀리 레스토랑의 10배 수준이다. 8평짜리 표준 매장의 평당 월 매출이 100만 엔이다. 맥도널드가 30만 엔 수준임을 생각할 때 엄청난 매출이다.

조합을 달리하면 기존의 판도를 바꿀 수 있다. 히로다 오지 사장이 슈크림 빵이라는 시장의 판도를 제대로 읽고 해석하여 새롭게 조합한 결과 비어드파파는 일본에서 '먹고 싶은 빵'의 대명사로 급부상했다.

앤드류 매튜스가 말했다. "그 무엇도 직선으로 움직이지 않는다. 어떤 목표도 좌절과 방해를 겪지 않고 이루어지는 법은 없다." 집중을 방해하는 많은 장애물과 곡선이 있더라도 조합을 다시 하고 판도를 바꾸면 결국엔 내가 원하는 목표에 이를 수 있다.

: 거꾸로 보라 :

창의개혁적 사고는 때로 문제를 거꾸로 보며 해결점을 발견한다. 미켈란젤로의 작품에 감탄한 어떤 사람이 그의 조각 솜씨를 칭찬했다. 그러자 미켈란젤로는 이렇게 말했다. "나에게 조각이란 돌을 깨뜨려 그 안에 갇혀 있는 사람을 꺼내는 작업입니다."

미켈란젤로는 돌을 쪼개고 다듬어서 조각품을 완성한다는 보편적인 생각보다 돌덩이 속에 숨어 있는 조각품을 끄집어낸다는 생각으로 조각품을 완성했다. 그렇게 해서 탄생한 작품이 세계에서 가장 아름다운 조각상 중의 하나가 되었다. 그 작품의 이름이 바로 〈피에타〉다.

애플은 세계에서 최고로 손꼽히는 기업이다. 애플의 주인공은 스티브 잡스다. 말년에 늘 병들고 지쳐 보이던 외모와는 달리 그는 전 세계적으로 인정받는 인물이었다. 그 이유는 단연 뛰어난 그의 창의성 때문이라고 할 수 있다.

놀라운 창의성을 발휘한 그의 가치는 얼마나 될까? 세상을 떠나기 전 그가 다소 초췌한 모습을 보이자 매스컴에서는 앞다투어 그의 건강을 염려했다. 그가 병가를 내자 애플의 주가가 15퍼센트 가까이 하락하기도 했다. 이쯤 되자 눈치 빠른 애널리스트들이 잡스의 가치를 금액으로 환산하는 일까지 벌어졌는데, 계산 결과 그의 가치는 투자자들에게 350억~700억 달러(당시 환율로 약 35조~70조 원) 정도라고 평가되었다. 즉, 스티브 잡스의 창의적 문제해결력이 최대 70조 원 정도의 가치를 가지고 있다는 것이다. 세상에, 창의적 문제해결 능력 하나가 70조 원이나 되는 가치가 있다니! 앨빈 토플러가 말한 부의 미래는 그것이 가능한 미래이기도 하다.

자! 그러면 어떻게 해야 창의개혁적인 뇌 구조를 가질까? 앤드류 라제기는 《리들(The Riddle)》에서 이렇게 말했다. "창의적으로 생각하기 위해서 반드시 새롭게 생각해야 할 필요는 없다."

창의성이라고 하면 대부분 아주 대단한 무엇일 거라고 생각한다. 그래서 걸출한 물리학자인 아인슈타인과 모던아트의 선구자였던 앤디 워홀 정도의 인물을 떠올린다. 하지만 그럴 필요가 없다. 다르게 생각하는 것이 새로운 생각이다. 이를 '측면적 사고(thinking sideways)'라 한다. 사람은 누구나 한 걸음 물러나 다르게 생각할 수 있는 능력을 갖추고 있다. 그리고 훈련을 하면 된다. 그 첫째는 관찰력의 증대다. 사물을 허투루 보지 않고 열정을 가지고 집중하여 관찰하면 여러모로 유익하다. 관찰을 잘 하면 부자가 되는 길도 열린다.

자동차를 대량생산할 수 있게 한 헨리 포드, 그는 포드 시스템을 도입하여 1일 1,000대까지 양산할 수 있게 했다. 당시 여러 개의 작은 자동차 회사들을 제치고 자동차 왕국을 이룰 수 있었던 것은 벨트 컨베이어 시스템인 일괄생산 방식의 어셈블리 라인을 구축한 덕분이다. 그 결과 자동차를 대량으로 생산하여 저렴한 가격에 공급할 수 있었다. 경쟁사들은 포드의 생산성과 가격경쟁력을 도저히 따라갈 수 없었다. 이 컨베이어 벨트 형식의 생산 시스템은 헨리 포드가 자동차와는 전혀 관련 없는 시어스 로벅이라는 통신판매회사에 들렀다가 발견한 것이다. 그는 그곳에서 주문받은 편지들을 분류하기 위해 만들어놓은 컨베이어 벨트를 보게 되었다. 만약 포드가 사물을 대충 보는 사람이었다면 그냥 지나쳤을 것이다. 즉, 열정이 있는 사람은 아이디어를 얼마든지 빌릴 수 있다.

둘째는 이종결합(異種結合)이다. 스티브 잡스는 이사들의 성화에 못 이겨 애플을 떠났지만 또 다른 곳에서 신화를 만들었다. 그동안 벌어놓았던 돈이 거의 바닥날 즈음, 스티브 잡스는 극적인 변화를 맞게 된다. 그가 세운 픽사가 디즈니와 제휴하여 3D 애니메이션 영화를 만들게 된 것이다. 3D 애니메이션 영화는 디즈니도 시도하지 못했던 새로운 분야였고, 픽사도 혼자 힘만으로는 도저히 성공을 장담할 수 없는 새로운 기술 영역이었다. 그러나 그들이 이종결합함으로써 디즈니의 스토리 능력과 픽사의 기술력이 결합한 3D 애니메이션 영화가 만들어졌다. 그렇게 탄생한 작품이 바로 세계적으로 흥행에 성공한 〈토이 스토리〉다.

따로따로 보면 이미 시효가 다한 것도 결합하고 교배시키면 전혀 다른 원천기술이 나온다. 이것 역시 창의개혁의 근간이다.

: 관찰하라 :

페니라는 청년이 명문인 하버드 대학교의 졸업반일 때였다. 굴지의 백화점에서 학교의 직업보도국에 두 명의 학생을 추천해달라는 의뢰가 있었다. 페니가 추천을 받아 가보니 백화점 사장이 그들에게 준 일자리는 겨우 엘리베이터 보이였다. 페니와 함께 갔던 학생은 그 일을 거부하고 돌아가고 말았다. "아무리 그래도 그렇지. 미국 최고의 명문대를 나온 우리를 뭐로 보고 말이야, 흥!"

하지만 페니는 그 일을 쾌히 수락하고 열심히 일했다. 묵묵히 일하기를 6개월여 하고 나니까 사장이 불렀다.

"페니! 수고했네. 그동안 일해보니까 어떻던가?"

"네, 사장님 일하기는 어렵지 않았습니다. 그러나 3층의 아이들 완구점과 숙녀용품점은 1층으로 옮겨야 할 것으로 봤습니다."

"흠, 그 이유는 뭔가?"

"백화점에 출입하는 사람 대다수가 여성과 아이들인데, 그들이 주로 이용하는 매장이 3층에 있으니 자연 엘리베이터의 가동이 늘어날 수밖에 없습니다. 이렇게 되면 전력이 많이 소요됩니다. 1층으로 옮기면 백화점도 복잡하지 않고 전력소모도 덜 될 것입니다."

사장은 감탄했다. 사장은 열심히 일한 페니를 경리사원으로 발령을 낼 생각이었다. 그런데 페니에게선 뛰어난 관찰력과 경영 능력이 엿보였다. 그래서 즉각 지배인으로 발탁했다. 이례적인 일이었고 엄청난 파격이었다. 결국 페니는 백화점업계의 총아로 성공하여 미국 내 100대 재벌이 되었다. 현재 인터넷백화점까지 운영하고 있는 페니 백화점 창업주 J.C. 페니의 이야기다.

이 세상에는 순도 100퍼센트의 새로운 아이디어는 없다. 그러나 새로운 컨셉은 존재한다. 컨셉은 아이디어 시스템이라고 생각하면 된다. 창의개혁적인 사고를 가동하면 남들이 안 된다고 선언한 자리에서도 성공의 길이 보이는 것이다.

: 새 방식을 만들어라 :

1984년 미국의 한 대학교를 갓 졸업한 드루 굿맨과 그의 아내 마이라 굿맨은 농사 지식이 전무했지만 살충제 등 화학물질을 사용하지 않고 자신들만의 유기농법으로 딸기를 재배했다. 무척 만족스러웠지만 딸기 재배만으로는 생계가 안 돼 상추 등 여러 야채도 생산해 가까운 음식점에 납품했다.

평화롭고 행복한 농장생활에 젖어들 무렵, 그들의 생명줄과도 같았던 그 음식점의 주방장이 타지로 떠나버렸다. 매일 상추가 자라고 있었지만 그것을 사줄 데가 없어진 것이다. 충격이 컸다. 그러나 시간이 흐르면서 시련을 기회로 보는 여유가 생겼다. 판로가 막혀 쌓아둔 야채를 오래 저장할 방법을 고안해낸 것이다. 한 주 동안 먹을 야채를 한꺼번에 씻어서 말린 뒤, 비닐봉지에 넣어 보관했다. 이러한 아이디어는 요리할 시간이나 기력이 없을 때에도 신선한 샐러드를 간편하게 먹을 수 있게 했다.

이렇게 좋은 것을 어떻게 상업화할까 하고 고민하다가 무턱대고 인근의 특산물 가게에 납품해봤다. 안 팔리면 한 푼도 안 받겠다는 조건으로, 반신반의하던 가게 주인과 겨우 계약을 체결할 수 있었다. 당시에는 고급 음식점만이 유기농 야채를 찾았을 뿐이고 더군다나 포장 샐러드는 금시초문이었다.

하지만 뚜껑을 열자 이야기가 달라졌다. 점점 그들의 거실은 유기농 샐러드를 포장하는 작업장으로 변했다. 그들은 미국에서 처음으로 유기농 포장 샐러드를 상업화하는 데 성공했다. 1993년 한 슈퍼마켓 체인과 계약한 후 미국 전역의 소매점에 납품하는 대형 업체가 됐다. 현재 어스바운드팜은 농장 부지가 2만 5,000에이커로 늘어나 세계 최대의 유기농 경작지가 됐다.

: 반대로 생각하라 :

다르게 생각하는 것이 창의적 사고인 것과 마찬가지로 남들이 생각하는 것을 반대로 생각하는 것도 창의적 사고라 할 수 있다. 《꿈꾸는 죽장수》를 출간한 본죽 김철호 사장. IMF 직후 도산한 경험을 가진 그가 연매출 2천억 원에 순이익만 400억 원에 이르는 국내 최대 고급 죽 전문 프랜차이즈의 CEO가 되었다. 그는 죽으로 프랜차이즈 외식업을 한다는 기상천외한 발상을 했다.

하지만 도산 당시 그의 상황은 상상할 수조차 없을 정도로 위태

했다. 생활비는커녕 아이들 교육비 마련도 막막한 터였다. 그런 상황에서 외식사업을 하겠다고 요리학원에 다니는 일이 결코 쉽지는 않았다. 학원비 마련을 위해 호떡장사까지 했다. 그는 늘 생각했다. '좀 더 나은 미래를 위해 좋은 방법이 있다면 어렵더라도 그쪽으로 가야 한다.'

사실 일반인들에게 인식된 '죽'이라는 것은 그저 체하거나 기운이 없고 아픈 날 흰쌀을 불려서 쑤어 먹는다는 정도였다. 혹은 재래시장에서 호박죽이나 팥죽을 큰 솥에 끓여놓고 한 그릇씩 담아주던 거리음식 정도였다. 그리고 일식집에 가면 코스요리 중 제일 먼저 나오는 양에 차지 않을 만큼 적은 양의 형식적 음식이다. 그런데 김 회장은 거꾸로 생각했다.

"사람들은 '죽' 하면 병원부터 떠올립니다. 환자가 기력을 회복하기 위해 먹는 음식이거나 속이 아플 때 먹는 음식으로 알고 있습니다. 그렇지만 이것만으로도 죽은 건강식이자 영양식이라는 것이 증명되고도 남습니다."

남들은 죽을 부정적으로 보았지만 그는 거꾸로 뒤집어 봤다. 그래서 그는 네 가지를 생각했다. 첫째, 죽은 먹을 사람이 많다. 이것은 충분히 사업성이 있다는 얘기다. 그러므로 자기가 어떻게 하느냐에 달려 있다고 보았다. 둘째 식은 죽은 팔지 않는다. 미리 끓여놓았다가 내놓거나 하지 않는다는 것이다. 주문 즉시 죽을 쑤어 맛

있는 음식으로 인식시키겠다는 생각이다. 죽은 빠르게 요리할 수 있는 음식이 아니다. 하지만 최대한 빠르게 맛있는 죽을 내놓기 위해 많은 연구를 했다. 지금은 주문하면 약 10분 정도면 음식이 나온다. 셋째 한 끼의 식사가 되게 한다. 죽의 고정관념을 깨기 위하여 양을 늘렸다. 그렇게 해서 젊은 층을 타겟으로 한 신개념의 죽이 탄생했다. 아침에 먹으면 소화가 잘되어서 좋고, 점심에 먹으면 속이 든든하면서도 빠른 식사를 할 수 있다는 점이 좋고 저녁에 먹으면 다이어트 식품이 된다는 생각이 오늘의 본죽을 명품 죽으로 만들었다. 넷째 음식점이 아니라 카페를 만든다. 그래서 인테리어가 인상 깊다. 죽전문점이 어엿한 하나의 문화공간으로 자리매김되었다.

똑같은 현상을 보더라도 보는 시각을 바꾸고 뒤집어서 보면 단점이 장점이 된다는 것을 알 수 있다. 다르게 생각하고 거꾸로 생각하는 발상의 전환을 얻으려면 창의개혁적인 마인드가 필요하다.

11

발상을 달리하라

: 창의개혁의 핵심, 발상의 전환 :

화가 마르셀 뒤샹이 어느 날 미술 전람회를 연다는 광고로 많은 사람을 초청했다. 이미 명성이 자자하던 터라 관람객이 모여들 것은 불문가지였다. 개중엔 화가와 평론가들, 더불어 기자들도 있었다. 오픈 당일 미술 전시장에 들어선 사람들은 깜짝 놀랐다. 어느 화장실에서 떼어온 듯한 남자 소변기가 작품이라며 떡하며 걸려 있었기 때문이다. 제목은 '기성품들(ready mades)'이었다. 관람객이 삼삼오오 모여 수군대기 시작하더니 이윽고 항변으로 변했다. 변기를 뜯어내어 붙여놓곤 뒤샹 자신의 사인만 한 것에 대해 모욕감을 느꼈던 것이다. 잠시 후 그가 한 작품 설명은 더 가관이었다. "난 변형을 가하지 않은 그 자체로도 다른 사물이 보인다."

아마 그가 말하고 싶었던 것은 미술에 대한 보다 충격적인 재관찰(再觀察)이었을 것이다. 즉 그의 오브제(object)들이 말을 할 줄 안다면 아마 이렇게 말했을 것이 분명하다. "보고 있다고 다 안다고 착각하지 말라. 당신이 보고 있는 것들에 대해 생각해보라. 당신이 가장 생각을 하지 않는 것들에 대해 가장 많이 생각해보라."

많은 사람이 뒤샹의 오브제는 단지 수백 년 동안 발전되어온 미술 기법에 대한 조롱일 뿐이라고 말하기도 한다. 하지만 뒤샹은 이렇게 말했다. "나는 그림이 다시 한 번 사람 마음에 봉사하도록 했을 뿐이다." 즉 사람들이 만일 생각을 조금만 고쳐먹는다면 같은 물건에서도 얼마든지 다른 면을 볼 수 있다는 깨달음을 주는 것이다.

이것이 '과학자의 예술가적 눈 가지기', 아니면 '예술가의 과학적 시각으로 보기'다. 즉 익히 보아오던 것들을 전혀 상관이 없는 상대방의 눈으로 의문을 품고 다시 관찰하는 것이다. 그런 식으로 사고의 훈련이 되면 완전히 새로운 발명품이나 예술품이 탄생하게 된다.

: 넛지 :

'넛지'란 '(주의를 끌기 위해) 팔꿈치로 슬쩍 찌르다, 주의를 환기시키다'란 뜻이다. 사람들이 스스로 속는 것 중의 하나가 자신만은 제대로 된 판단에 근거해 옳은 선택을 하고 있다고 생각한다는 것이다. 하지만 실제로 보면 그렇지가 않다. 이것은 사실 모든 사람이 조금씩은 다 상상하는 능력이 있다는 뜻으로도 해석할 수 있다. 그래서 사람들의 이러한 상상력을 자극하여 어떤 작은 변화나 올바른 방향으로 이끌 수 있다. 이것이 바로 '넛지 효과'다.

예를 들자면 암스테르담의 공항 화장실에는 상상력을 자극하는 소변기가 있다. 그만큼 국적을 막론하고 남자들은 볼일을 볼 때 잘 흘리나 보다. 우리나라 남자화장실의 소변기 위엔 천편일률적으로 '남자가 흘리지 말아야 할 것은 눈물만이 아니죠'라는 글귀가 있다. 이러한 문제를 단숨에 해결한 기가 막힌 발상의 전환, 그것은 변기에 파리를 그려놓는 것이었다. 그 결과는? 80퍼센트의 효과가 나타났다고 한다. 파리를 맞추려고 집중하다 보니 소변기 밖으로 흘리는 일이 적어졌다는 것이다.

이처럼 팔꿈치로 슬쩍 찌르는 효과만으로도 상상력을 자극할 수 있다면 얼마나 많은 아이디어를 만들 수 있을까? 이러한 상상력을 자극하고 새로운 아이디어로 새로운 발명품을 만드는 능력은 결코 소수만의 전유물이 아니다. 조금만 훈련하면 누구나 할 수 있다.

: 날개 없는 선풍기 :

미국에 스티브 잡스가 있다면 영국엔 다이슨이 있다. 비틀스만큼 유명한 가전회사다. 얼마나 유명하면 2001년 엘리자베스 여왕도 다녀갔을까? 이 회사가 내놓은 날개 없는 선풍기 '에어멀티플라이어'는 2009년 〈타임〉지가 선정한 '올해의 발명품'이 되었다. 가운데가 뻥 뚫린 동그라미 안에서 마치 마술처럼 바람이 나오는데, 그 모습은 눈으로 보고도 쉽게 믿기지 않는다.

이 회사의 창업자 제임스 다이슨은 선풍기에 날개가 있어야 한다는 고정관념을 깼다. 그는 엔지니어들에게 질문을 던졌다. "왜 선풍기는 꼭 날개를 써야 하지? 돌아가는 날개 때문에 바람이 중간중간 끊기고 날개를 청소하기도 어렵잖아. 더구나 아이들이 늘 손가락을 넣고 싶어해서 위험하잖아."

그 회사에는 "전기를 이용한 최초의 선풍기는 1882년 발명됐다. 날개를 이용한 그 방식은 127년간 변하지 않았다"라는 글이 걸려 있다. 100년 넘게 이어져온 선풍기의 틀이 깨지는 데는 4년이 걸렸다. 높이 50센티미터 크기의 시제품을 시작으로 개발을 거듭한 결과였다.

레오나르도 다빈치, 앨버트 아인슈타인, 파블로 피카소, 마르셀 뒤샹, 리처드 파인먼, 버지니아 울프, 제인 구달, 이고르 스트라빈스키, 마사 그레이엄 등 역사에서 뛰어난 창조성을 발휘한 사람들이 과학, 수학, 의학, 문학, 미술, 무용 등 분야를 막론하고 사용한 발상법의 공통점이 있다. 바로 생각을 탄생시키는 도구다.

나는 2008년 로버트 루트번스타인의 《생각의 탄생》을 주니어용으로 옮기면서 많은 도움을 받았다. 그가 소개하는 발상법을 요약하면 관찰, 형상화, 추상, 패턴인식, 패턴형성, 유추, 몸으로 생각하기, 감정이입, 차원적 사고, 모형 만들기, 놀이, 변형, 통합 등 13단계다. 이러한 방법들을 깨닫고 직관과 상상력을 갈고닦으면 창조성이 훨씬 뛰어나게 된다.

지금은 지식 대통합의 시대다. 스페셜리스트의 시대에서 제너럴리스트의 시대로 넘어가고 있다. 현대 사회에서는 보다 폭넓은 지식의 통섭이 요구된다. 모든 분야를 통합하고 아우르는 종합지적인 사고의 중요성은 아무리 강조해도 지나치지 않을 것이다.

다이슨의 제품들은 비틀스 이후에 미국에서 가장 성공한 영국산 제품이라는 명성도 얻었다. 다이슨이 가장 많이 쓰는 단어는 '다른(different)'이었다. 다른 생각이 새로운 생각을 만든다는 것이다. 하지만 다른 생각은 숱한 실패를 가져다주기도 한다. 성공은 99퍼센트의 실패로 이뤄진다는 말도 있다. 하지만 다이슨은 직원들에게도 다음과 같은 말로 실패를 장려했다. "실수하면 일을 빨리 배운다."

: 스큐드 :

다른 생각이 새로운 생각을 만든다는 것은 언뜻 보면 매우 쉬운 것 같지만 이미 어느 한 쪽으로 굳어진 사고방식 때문에 쉽지 않다. 이런 때는 '스큐드(skewed)'를 통찰에 활용해야 한다. 스큐드란 개념이나 행동, 현상 등이 오랫동안 동일한 패턴으로 지속되어 굳어진 것을 말한다. 그래서 예컨대 색상을 수정하거나 형태를 달리하거나 사이즈에 변화를 주면 전혀 새로운 것이 된다. 장미는 원래 빨간색이다. 장미의 빨간색은 열정과 아름다움을 상징해 예부터 남성이 여성에게 사랑을 고백하는 순간에 많이 이용해왔다. 그런데 수백 년간 오직 빨간 장미로만 고백하다 보니 재미가 없고 다소 진부해 보이기도 한다. 그러니 그에 따른 감동도 당연히 약할 수밖에 없다.

이것을 고민하던 한 장미 농원주가 장미 색깔을 변화시켜보기로 마음먹었다. 사랑을 고백하는 순간, 장미꽃에 입김을 '후' 하고 불면 온도 차에 따라 색깔이 변하는 방법이었다. 이미 시중에 나와 있는 온도에 따라 색이 변하는 컬러 잉크를 장미의 줄기관에 흡착시켜 키운 것이다.

시장에서 좋은 반응을 얻자 이 농원주는 곧 파스텔 장미, 야광 장미, 황금 장미 등 온도와 빛에 따라 색깔이 변하는 기능성 장미를 다양하게 내놓았다. 세계 특허까지 획득한 이 상품은 현재 일본, 싱가포르, 러시아 등에서 송이당 3,000원 안팎에 팔리고 있다. 일반 장미보다 서너 배나 비싸지만 주문이 밀릴 정도로 인기를 끌고 있다. 보통의 장미는 한 송이에 1,000원을 넘겨서 팔 수가 없는데 그렇게 해서는 유류비도 건지기가 힘들다고 한다. 하지만 우리의 상식을 초월한 방법으로 스큐드를 수정한 컬러 장미는 없어서 못 파는 상황이다.

한 분야에서 창조적인 사고를 할 수 있는 사람은 분야를 넘나들며 변화하는 미래의 주인공이 될 수 있다. 그리고 이러한 사고는 선택이 아니라 필수가 되었다. 이런 사람을 르네상스형 인간이라고 한다.

우리는 어려서부터 무엇이든 하나만 잘하면 된다는 교육을 받아왔다. 하나만 잘하면 밥벌이를 하게 된다는 생각이었다. 하지만 세상은 점점 다각화되어간다. 서로 다른 분야일지라도 완전히 다른 분야가 아니라 연결된 분야다. 하나만 볼 줄 알고 그 연결고리를 인식하지 못한다면 시너지 효과를 거두지 못한다. 자신의 지식을 타 분야의 지식과 연결할 수 있는 전인적인 시야를 가질 때 일이 더 쉽고 재미있어진다. 이렇게 전인이 되기 위해선 교육이 변해야 한다. 국영수만 중요시할 게 아니라 어려서부터 시문학이나 미술 등에도 관심을 두도록 해야 한다. 시문학과 예술 분야에서 길러지는 관찰, 감정이입, 패턴유추 등의 핵심적인 능력은 과학과 수학을 이해하고 보다 창조적으로 문제를 해결하는 데 도움이 된다. 무시해도 좋은 학습이란 없는 것이다.

: 소리를 에너지로 바꾸다 :

소리를 에너지로 바꾸는 사람이 있다. 하야미즈 고헤이, 서른 살을 눈앞에 둔 일본의 젊은이로 음력발전주식회사의 대표다. 음력발전이란 말 그대로 세상의 소음과 진동을 에너지로 바꾸는 것이다. 그는 2008년 12월 도쿄 도심의 한복판을 달리는 자동차들이 발생시키는 진동을 이용해서 고속도로의 가로등을 켜는 데 성공했다. 공기 중의 진동(음)에너지를 전기에너지로 변형하는 것으로 스피커의 원리를 역으로 이용한 것이다.

그는 게이오 대학교 환경정보학 대학원 정책미디어연구과 출신이다. 초등학교 실험 시간에 전기로 모터가 돌고, 모터가 돌면 전기가 만들어진다는 원리를 스피커에 적용하여 '전기로 음을 만든다면, 음으로 전기를 만들 수 있지 않을까'라고 생각한 게 진동력 발전 개발의 시초다. 발상의 전환을 한 것이다. 언제든지 세상은 시끄러울 수밖에 없다. 그러면 그 소음을 배척하고 피할 것이 아니라 전기발전을 만들어내면 긍정적인 요소로 받아들일 수 잇다. 삶의 현장에서 각자에게 들리는 소음을 생명을 담은 소리로, 적극적인 에너지로 삼을 수 있는 것이다.

: 쪼개어 다시 묶기 :

라오스에서 최고의 재벌이 된 사람이 있다. 얼마 전 국내 증시에 상장까지 이루어낸 그를 사람들은 한상(韓商)의 대표적 모델이라고 말한다. 1997년 라오스 수도 비엔티안에서 자동차 조립·판매 사업을 시작해 현재는 바이오에너지, 전자유통, 건설, 금융 레저 등 다양한 분야에서 활약하고 있다. 라오스 경제의 10퍼센트를 담당하는 민간 최대기업이다. 그 주인공이 오세영 사장이다. 자기 사업을 하기 위해 먼저 대기업의 해외 담당으로 출발했다. 그리고 어느 정도 경력이 쌓이자 과감히 사업에 뛰어들었다.

그가 처음 시작한 곳은 베트남이었다. 전쟁이 끝난 직후라 베트남 경제는 피폐했다. 설상가상으로 미국이 베트남에 엠바고를 걸었다. 전면적 금수(禁輸)조치였다. 이러한 틈새에서 베트남 무역을 했다. 사업은 점점 필리핀, 캄보디아, 미얀마 등으로 확장되었다. 그러나 이내 위기가 찾아왔다. 베트남이 중고품 수입을 금지한 것이다.

다시 라오스로 발길을 돌렸다. 역시 중고품 수입업이었다. 하지만 이번엔 고심 끝에 방법을 달리했다. 자동차를 수입하는 대신 폐자동차의 부품들을 따로따로 수입했다. 결과적으로 두 가지 면에서 이득을 가져왔다. 부품으로 쪼개니 우선 물류비가 싸게 먹혔다. 그리고 부품을 조립해야 했기에 현지에서 새로운 일자리를 창출함과 함께 기술력을 키울 수 있었다. 그때가 1997년쯤이었다. 자동차를 생산하지는 않지만 중고자동차 조립사업을 하면서 숙련된 일꾼들을 키울 수 있었다. 조만간 국민차를 생산해도 될 만큼 기술력을 키웠다.

일이 제대로 안 풀릴 때는 오세영 사장처럼 분석하고 쪼개어 재조립하는 것도 훌륭한 방법이다. 그만의 원천기술을 만든 덕에 그의 시장은 인근 나라로 거침없이 확대될 수 있었다.

12

다시 보라

: 남들이 떠난 곳이 블루오션이다 :

우리나라에서 창의개혁(創意改革)의 대가를 꼽으라면 웅진그룹 윤석금 회장을 빼놓을 수 없다. 극동건설을 잘못 인수해 지금은 유동성 위기로 주춤해졌지만 윤 회장은 남들이 떠난 곳이 블루오션이 될 수 있다는 발상의 전환으로 성공한 주인공이다.

그는 1971년 브리태니커 한국 지사에 입사해 세일즈맨으로 사회에 첫발을 내딛는다. 얼마 지나지 않아 영어로 된 백과사전을 세계에서 가장 많이 판매하여 미국 본사에서 54개국 세일즈맨 중 최고의 실적으로 벤튼상을 받기도 했다. 그리고 드디어 1980년 일곱 명의 직원과 함께 웅진씽크빅을 설립한다. 이후 신기(神氣)문화라는 캐치프레이즈를 내걸고 웅진코웨이, 웅진식품 등으로 확장하여 2009년에는 14개 계열사, 매출 5조 2,000억 원을 바라보는 재계 서열 30위권(자산규모)의 그룹으로 성장시켰다.

윤 회장이 처음부터 이렇게 큰 성과를 드러낸 것은 아니다. 그의 고통은 IMF 때 극에 달했다. 하지만 IMF 이후 거의 모든 기업이 축소경영을 했지만 웅진코웨이는 10배 이상 성장하게 된다. 어떻게 이런 기적이 가능했을까? 여기에 윤 회장만이 가진 발상의 전환이 있었다.

웅진씽크빅을 설립할 당시 그는 교육 출판물은 남성보다 여성이 판매하는 것이 더 적합하다는 사실에 착안해 최초로 방문 여교사들을 사원으로 고용했다. 발상의 전환이다. 당시 정부가 발표한 갑작스러운 과외금지 정책 때문에 학부모와 학생들은 혼란에 빠져 있었다. 하지만 아무리 과외가 전면 금지되더라도 사교육에 대한 수요는 줄지 않으리라는 것을 그는 알고 있었다. 돌파구를 얻기 위해 매 순간, 심지어 화장실에 있을 때도 학부모의 마음으로 이해하려고 했다.

어느 날 차를 몰고 가다 카세트테이프를 듣는 순간 그의 머리에 아이디어가 떠올랐다. '만약 학생들을 직접 가르칠 수 없다면 강의를 녹음해 테이프를 만드는 것은 어떨까?' 즉각 정부에 합법성 여부를 문의했고 '괜찮다'는 답변을 얻어냈다. 그리고 전 직원을 동원해 과목별로 최고의 강사를 수소문했고 100여 명에 달하는 후보 중 네 명의 강사를 최종 선정했다. 이런 과정을 거쳐 태어난 것이 '헤임고교학습'이었다. 출시 1년 만에 수만 명의 회원을 확보하며 기존 과외시장을 대체할 정도로 폭발적인 성장세를 보였다. 술렁거리는 사교육 시장의 틈새에 학부모들의 마음이 있었다. 그것을 읽어낸 '발상의 전환'이 그의 성공비결이었다.

그가 생각해낸 창의개혁적 사고는 남들은 안 된다고 모두 떠날 때 더욱 빛을 발했다. 창의개혁적 사고를 가진 사람은 관찰과 상상, 그리고 추상의 방법을 통해 새로운 이종결합을 시도한다. 그리고 오히려 새로운 시장을 창출한다. 남들이 다 떠난 시장이기에 블루오션이 되는 것이다.

: 해석을 달리하면 접근도 달라진다 :

그의 창의개혁적 사고는 계속된다. IMF 외환 위기는 웅진그룹에도 심각한 유동성 위기를 가져왔다. 윤 회장은 사업자금을 마련하기 위해 수시로 은행 문을 두드렸지만 은행은 그에게 단돈 5천만 원도 빌려주려 하지 않았다. 자금을 마련하기 위한 고민이 시작되었다. 그러다가 주간지의 정기구독료 정책에서 자금줄의 힌트를 얻었다. 윤 회장은 '웅진IQ'라는 배달 학습지를 내놓았다. 그리고 주간지처럼 1년 구독료로 5만 3천 원을 선불로 내게 했다. 이는 뜻밖에 많은 호응을 얻었다. 과외비에 비교하면 훨씬 저렴한데다 과외 못지않은 서비스를 받을 수 있었기 때문이다. 결국 단기간에 30만 명이란 회원이 모였다. 그러면서 자금 문제도 자연스럽게 해결되었다. 선납 구독료로 확보한 자금이 총 160억 원이나 됐던 것이다.

오늘의 웅진을 있게 한 정수기 렌탈사업에서도 윤 회장의 창의개혁적 사고는 빛을 발했다. 웅진은 본격적으로 렌탈을 시작하기 전 이미 한 차례 정수기 렌탈을 시도한 적이 있었다. 하지만 소비자의 호응을 얻지 못하면서 바로 사업을 접어야 했다. 실패 원인을 분석하고 보완해 1998년 다시 시작했다. 이때 보완책으로 등장한 것이 정기적으로 방문하여 점검해주는 '코디' 서비스였다. 역시 발상의 전환이다.

렌탈사업을 시작하면서 코디를 통한 방문 점검 서비스를 함께 실시했다. 그의 생각은 적중했다. 코디 서비스를 시행하자 정수기 판매는 급물살을 탔다. 그는 공기청정기, 비데, 연수기 등으로 렌탈사업을 확대했고 300만 명의 회원을 확보할 정도로 급성장을 이뤘다.

진정한 발상의 전환이란 무엇인가? 가장 중요한 것은 변화를 주도해야 한다는 것이다. 다시 말해 내가 판을 주도해야 한다. 다른 사람이 짜놓은 판을 뒤따라가면 항상 꼴찌다.

한때 찜질방이 유행하자 한 마을에 두 개, 세 개의 찜질방이 들어섰다. 결과는 모두가 같이 망했다. 처음 찜질방이 생겼을 때 호기심 반 타의 반으로 몰려다녔던 사람들도 시간이 지나면서 점점 시들해졌고, 그러고 나니 찜질방은 썰렁방이 되었다. 요즘엔 키즈카페가 곳곳에 생기고 있다. 일시탁아소와 플레이짐, 패밀리 레스토랑의 삼종결합이라 할 만하다. 호기심 반 타의 반으로 젊은 엄마들이 자주 찾는다. 이 바람을 타고 누군가는 성공할 것이다. 하지만 5년 안에 새로운 발상의 전환이 이루어지지 않으면 이내 시장에서 외면당하고 말 것이다.

과거에는 큰 기업이 작은 기업을 먹었다. 하지만 현재는 빠른 기업이 느린 기업을 먹는다. 즉 시장변화에 대처하는 마케팅 수행능력이 빠른 기업이 대세를 좌우하는 것이다. 역사에서 계속되는 안정이란 예외적인 사건일 뿐이다. 피터 드러커가 말하길 "대다수 사람이 혼란이라는 '정상적인' 진로로 들어가는 데 적응하지 못한다"고 했다. 혼란이 정상이지, 정상이 정상이 아니라는 것이다. 다윈이 우리에게 남긴 중요한 진리 중 하나도 이것이다. "살아남는 종은 강인한 종도 아니고 지적 능력이 뛰어난 종도 아니다. 변화에 가장 잘 대응하는 종이다." 자연도태와 선택의 원리다.

지난 IMF 때 우리나라 30대 그룹의 3분의 1이 망했다. 발상의 전환과 변화를 추구하는 것이 얼마나 중요한지를 보여주는 중요한 예다. 창의개혁적 사고라는 핵을 전두엽에 깊이 이식하지 않으면 어느 때고 '왕년의 사람(?)'이 되어 잊히고 말 것이다.

: 뒤집고, 섞어라 :

같은 형질을 자꾸 교배하면 오히려 문제만 더 드러난다. 창조를 위해서는 뒤집고 섞어야 새로운 세상이 열린다. 그래서 이종을 교배해야 한다. 학문의 이종교배를 위해서는 한 분야를 철저하게 공부하되 반드시 다른 학문을 관통해야 한다. 강신장은 《오리진이 되라》에서 이렇게 말한다.

"창조적인 사람들은 늘 전투적이다. 가치의 벽과 경제성의 벽은 물론이고 인식의 벽, 관념의 벽을 넘어야 하기 때문이다. 그래서 이 전쟁에서 이기려면 특별한 힘이 있어야 한다. 그 힘은 바로 '집중력'이다. 집중력을 발휘하는 조건은 무엇일까? 몇 가지로 나누어 생각해볼 수 있을 것 같다. 첫째는 할 수 있다는 자신감, 둘째는 즐겁게 미치는 마음, 세 번째는 모든 것을 다 바치는 올인이다."

창조적인 전투를 해야 새 판을 짜는 자가 되고 원조가 될 수 있다. 나도 전적으로 공감한다. 따라서 나만의 원천기술을 만들어야한다고 강조하는 것이다. 사업의 원천기술, 제품의 원천기술, 서비스의 원천기술, 커피의 원천기술, 교육 방법론의 원천기술 등 어떤 분야든지 나만의 원천기술을 새롭게 만들어야 내가 만든 판에 사람들이 들어오게 된다. 내가 세상의 주인이 되는 것이다. 이러한 세상을 원한다면 관통하는 지식을 가져야 한다. 21세기에는 관통의 대가가 세상의 주인이 된다.

혁신과 창의적 개혁을 경주하지 않으면 기업의 수명, 개인의 경쟁력은 점점 줄어든다. 냉정한 세상은 변화하지 않는 기업, 개인에 대해 매정할 정도로 단호하게 퇴출을 명령할 뿐이다. 기존의 방법으로 구슬을 꿰지 않고 나만의 방법으로 새롭게 꿸 때 똑같은 소재의 진주라도 명품으로서 대접받을 수 있다.

다이슨은 "혁신이란 반복되는 시행착오(trial and error)를 통해 이룰 수 있다"고 주장하면서 "그래서 시간이 걸리는 힘든 일"이라고 했다.

: 업사이드 전략 :

상상하기 힘든 위기 상황은 기업에도 종종 일어난다. 하지만 이런 위기에도 성장하는 기업은 있기 마련이다. 이러한 기업의 특징을 관통하는 새로운 키워드가 있다. 이른바 '업사이드(upside) 전략'이다. 업사이드 전략이란 위기나 한계 상황에 이른 기업을 오히려 한단계 업그레이드시키기 위해 과감하게 이종교배를 실시하는 것을 가리킨다.

미국 오레곤 주 움프쿠아 강 지역에 있는 한 은행의 지점을 보면 마치 카페나 고급스러운 커피숍에 온 듯한 착각을 불러일으킨다. 분명히 은행인데 부드러운 가죽 소파와 테이블, 대형 벽걸이 TV가 갖춰져 있고 멋진 음악이 흐르는 것이다. 겉모습만 본다면 은행이라기보다는 호텔 로비나 공항 라운지 같다. 더더구나 은행이라면 으레껏 있는 창구나 유니폼 입은 직원들도 없다. 다만 동네 사람들이 삼삼오오 모여 앉아 커피를 마실 뿐이다. 거기에다 초콜릿과 음료수가 모두 무료다. 이곳이 바로 움프쿠아은행인데 아마도 서비스 면에서 세계 최고일 것이다.

하지만 이 은행도 환골탈태를 하기 전인 1990년대 후반까지는 파산을 눈앞에 둔 퇴출 직전의 부실은행이었다. 이 은행의 주 고객층이었던 벌목 관련 회사들이 무너지면서 인수합병의 순서만 기다리고 있었다. 이러한 위기에서 벗어나게 한 것은 대변신 작전이었다. 즉 기존의 은행이라는 개념을 획기적으로 바꾸기 위해 별스러운 것과 교배를 시도한 것이다.

그러면 움프쿠아은행이 교배에 성공한 것은 무엇일까?

첫째, 공간의 개념을 바꾸었다. 대체로 은행은 복잡하고 업무가 밀리며 줄을 서서 기다리든지 하는 공간으로 인식되고 있다. 그런데 만약 이 고객들을 장시간 붙들어 둘 수 있다면 은행은 더 많은 사람을 충성 고객으로 끌어들일 수 있을 것이다. 그러려면 인테리어가 바뀌어야 했다. 즉 스타벅스와 같이 편안하고 호텔 로비와 같이 고급스러우며 공항 라운지와 같은 쾌적함을 만들어야 했다. 이러한 요소들을 교배하여 고객들을 끌어 앉힌 것이다.

둘째, 고객의 시간을 뺏을 수 있어야 한다. 만약 은행이 고객과 대화하는 시간을 늘리고 그들에게 친숙한 공간으로 인식시킬 수 있다면 어떤 변화가 일어날까? 아마 고객들은 돈을 빌리는 정보를 얻게 되든지 아니면 맡길 정보를 더 많이 얻게 되고 자연히 은행과 거래를 더 많이 하게 될 것이다. 그래서 움프쿠아는 커피는 물론 음료수, 과자 등을 공짜로 제공했다. 또 도서관과 같이 책을 갖춰 놓고 극장처럼 영화나 음악 공연도 관람할 수 있도록 했다. 이러한 전략을 위해 은행과 공항의 VIP 라운지, 스타벅스와 삼종교배를 한 것이다.

셋째, 은행 직원이 아니라 커피숍 직원의 수준으로 패러다임을 바꾸었다. 우리가 익히 알고 있는 은행 직원은 어딘지 모르게 사무적이며 영악하다고 느껴진다. 은행의 인테리어가 아무리 바뀌어도 직원들이 여전히 고자세라면 그 효과는 반감할 것이 분명하다. 따라서 움프쿠아는 창구를 지키며 고정적이던 직원의 동선을 항공기 내의 스튜어디스 수준으로 바꾸었다. 채용방식도 바꾸었다. 즉 커피 전문점이나 카페 등에서 근무한 적이 있는 직원을 채용한 것이다. 그뿐 아니라 일정 시간의 서비스교육을 받도록 '서비스 학교'에 입학시키기까지 했다.

이러한 대변신은 입소문을 타게 만들었을 뿐 아니라 고객들의 마음을 단번에 사로잡았다. 움프쿠아은행은 1995년부터 현재까지 연평균 29퍼센트씩 고속 성장을 하고 있다. 그뿐 아니라 전국의 지점 수도 10배 이상으로 늘었다. 2008년 미국발 금융 위기의 회오리 속에서도 움프쿠아은행은 여전히 성장에 성장을 거듭하는 몇 안 되는 은행 중 하나였다.

1 더하기 1은 2가 아니다. 어떻게 섞이고 어떻게 교배되느냐에 따라서 4도 되고 10도 된다. 창의개혁은 오직 인간만이 할 수 있는 위대한 사고작용이며 불가능도 가능으로 바꾸는 위대한 의식의 힘이다. 누가 이 위대한 의식의 선구자가 될 것인가? 세상은 기존의 틀에 박힌 사고에 함몰된 사람들을 도태시키면서 철괴물이 철마로, 철마에서 은하철도 999로 날아오르길 바라고 있다.

영혼을
불태워라

열심히 일하면 남들보다 2배 이상 잘하기도 힘들지만

열심히 생각하면 남보다 10배, 100배,

아니, 1,000배까지도 잘할 수 있다.

- 황농문, 《몰입》 -

13

혼신열정하라

: 진짜 실력은 사람을 살린다 :

우리의 상식이나 일반적인 자연 현상을 뛰어넘는 이해하지 못할 변화들을 기적이라 한다. 하지만 기적도 사람이 만들어내는 것이다. 같은 위기의 순간에도 진짜 실력은 사람을 살리고 가짜 실력은 모두에게 돌이킬 수 없는 상처를 준다.

1996년 12월 에티오피아 항공기가 아디스아바바 공항을 이륙한 직후 반정부 청년들에게 납치됐다. 테러범들은 호주행을 요구했다. 기장이 기름이 부족하다고 했지만 막무가내였다. 결국 마다가스카르 부근에 이르러 기름이 떨어졌고 기장은 인근 바다에 비상착수(着水)를 시도했다. 그러나 왼쪽 날개가 먼저 물에 닿았고 기체는 충격과 함께 산산조각이 나버렸다. 탑승객 175명 가운데 125명이 사망했다.

이 에티오피아 항공기의 추락에 반해 지난 2009년 초, 미국 뉴욕의 라가디아 공항을 떠난 US에어웨이 소속 에어버스 A320 여객기는 비슷한 상황에서도 전원이 살아남는 기적을 보여줬다. 비행기가 이륙한 지 1분 만에 양쪽 엔진이 새 떼와 부딪히면서 모두 꺼졌다. 그래서 3분 남짓 무동력 상태로 활공했다. 승객들은 공포에 빠졌지만 조종사는 침착했다. 그는 준비된 조종사였다. 조금도 당황하지 않고 허드슨 강에 사뿐히 강에 내려앉은 것이다. 그 비행기에는 승무원을 포함하여 155명이 탑승하고 있었다. 하지만 모두 가족 품으로 무사히 돌아갈 수 있었다.

내가 자주 가는 뉴욕의 플러싱에 프라미스 본부가 있다. 그곳에서 지척에 보이는 곳이 라가디아 공항이고 그 공항을 끼고 있는 강이 허드슨 강이다. 그 강에서 일어날 뻔한 초대형 참사를 막아낸 주인공은 체슬린 설렌버거 기장이다. 언론은 그가 보여준 판단력과 조종술을 극찬했다. 말 그대로 그는 영웅이 되었다. 우선 기장은 비행기 엔진이 꺼지자마자 마천루를 벗어났다. 건물과 부딪혀

인명사고가 나는 것을 피하기 위해서였다. 비행기에서 타전된 급박한 보고를 접하고 관제소에서는 인근 공항에 착륙하라고 했다. 하지만 기장은 그곳까지 갈 수 없다고 판단하고 강물 위에 내리기로 했다. 자신감의 발로였다. 근처 강변에서 비행기 활강을 가슴 졸이며 바라본 시민들은 "비행기는 마치 아스팔트에 내려앉는 것처럼 모든 것이 부드러웠다"고 말했다. 기장은 끝까지 비행기에 남아 승객이 모두 빠져나갔는지를 확인한 뒤 가장 마지막에 탈출했다. 그의 이러한 영웅적 행동은 어디서 기인한 것일까?

설렌버거 기장의 이러한 침착한 행동은 혼신열정으로 보낸 그의 비행시간과 무관하지 않다. 열여덟 살 때부터 시작된 그의 비행시간은 모두 1만 9,000시간이 넘었다. 평균 20년 된 조종사의 비행시간이 1만 시간이 채 되지 않는 것에 비하면 엄청난 시간이다. 혼신열정은 진짜 실력을 만들고 그것은 위기 때 드러난다.

: 역경이 열정을 낳는다 :

인생을 사는 동안 누구나 순경(順境)보다는 역경(逆境)을 많이 만난다. 인생 항로에 역경이 많은 것이 사실이다. 하지만 항상 새로운 기회는 역경 속에서 찾아오는 것도 사실이다. 이때 필요한 것이 혼신(渾身, with all one's soul and might)의 열정이다. 또한 오직 영혼을 가진 인간만이 발현할 수 있는 능력이 혼신이다. 여기서 혼(渾)에는 '흐리다', '합하다', '합수하다'의 뜻이 있다. 이는 우리의 정신과 몸이 혼연일체(渾然一體)가 되어 전에 없는 능력을 발휘하는 것을 말한다.

인간은 평소에는 자기 능력의 0.5배 정도의 기량을 발휘하지만 혼신의 힘을 발휘하면 자기 능력의 5배에서 심지어는 50배의 능력이 더 나타난다고 한다. 그래서 위기를 이겨낸 사람이나 죽을 고비에서 극적으로 살아난 사람은 작은 위기나 문제에 대해서는 눈도 깜짝하지 않는다.

나는 초등학교 4학년 때부터 새벽 다섯 시에 일어났다. 아버지의 병환으로 새벽부터 신문을 돌려야 했기 때문이다. 당시에는 세상에서 가장 불행한 삶이라며 많이 자조했다. 하지만 지금은 오히려 내게 축복이 되었다는 것을 느낀다. 왜냐면 난 지금도 여전히 다섯 시면 일어나기 때문이다. 그래서 남들보다 항상 1.5배의 시간을 더 살고 있다. 그뿐 아니다. 어머니는 내가 스무 살 때 아버지에 이어 중풍이 들어 앓아누우셨다. 그래서 나는 대학을 다니면서 두 분을 수발해드려야 했다. 그땐 정말 살고 싶지 않을 정도로 괴로웠다. 하지만 지금은 아무리 어려운 일을 만나도 그때의 고난을 생각하면서 별것 아니라고 느낀다. 아마 그때 이 혼신의 체험을 하지 않았나 싶다.

1600년경, 유럽은 대혼란에 빠져들었다. 종교 간의 갈등과 이제 막 탄생한 신흥세력들의 틈바구니에서 가난한 노동자들과 집을 잃은 농부들은 갈 곳이 없었다. 그때 그들에게 신대륙으로의 이주는 천국의 약속과 같은 달콤함이었다. 하지만 누구도 선뜻 가기 힘든 미지의 세계였다. 그 위기의 순간에도 위대한 선택과 혼신의 열정으로 뭉친 일단의 무리가 있었다. 바로 청교도들이었다. 그들은 신대륙으로 가고 싶었지만 배가 없었다. 스스로 배를 구하기로 하고 몇 년간을 부두에서 노동했다. 그렇게 하여 두 척의 배를 장만했고, 드디어 출항했다. 그런데 한 척의 배에 누수가 생겼다. 다행히 목숨을 건진 그들은 남은 한 척, 메이플라워호를 타고 신대륙으로 나아갔다. 1620년의 일이다. 만약 그때 그들이 혼연일체가 되어 대서양을 건너갈 생각을 하지 않았더라면 지금의 미국은 다른 모습이 되어 있을지도 모른다. 그들이 혼신의 힘을 다해 만들어낸 미국정신은 지금도 아메리칸 드림이 되어 미국을 지탱하고 있다.

남미를 보라. 그곳은 비슷한 시기에 발견되고 정복되었지만 미국과 극명하게 다른 길을 걷고 있다. 이유는 단 하나 추구하는 것이 달랐기 때문이다. 역사가 증명하듯이 역경을 헤쳐 나와 순경을 만나는 데 가장 필요한 것은 1퍼센트의 혼신열정이다.

: 기회는 만드는 것 :

지난번 미국 여행 중에 한 분을 만났다. 이분을 사람들은 마음씨 좋은 임 장로라고 불렀다. 맨해튼에서 식료품가게로 대성공을 거둔 분이다. 35년 전 뉴욕에 첫발을 내디뎠을 때, 그가 할 수 있는 일이라곤 유대인이 경영하는 채소가게에서 청소하고 심부름하는 일뿐이었다고 한다. 하지만 그는 남다른 데가 있었다. 유대인 주인보다 항상 두 시간 일찍 출근하여 주인의 건물 주변까지 모두 청소했다. 주인은 처음엔 뭔가 저의가 있는가 하여 의심했다. 하지만 그렇게 3년을 혼신을 다해 일하자 주인의 생각이 달라졌다. 어느 날 주인이 그를 불렀다.

"당신 소원이 무엇이냐?"

그래서 임 장로는 평소의 소원을 이야기했다.

"이 건물의 어느 모퉁이라도 좋으니 나에게 작은 가게를 하나 열 수 있도록 2만 달러만 도와달라. 나도 과일 장사를 하고 싶다."

유대인 주인은 그의 소원을 들어주었다. 그런데 집에 와서 가만히 생각하니 2만 달러 가지고는 과일을 사서 들여놓을 수가 없었다. 그 돈은 가게 인수비용 정도밖에 되지 않았기 때문이다. 그래서 다시 주인을 찾아가서 이렇게 말했다.

"당신이 이왕 도와주기로 했으니 2만 달러를 더 도와달라. 2만 달러는 가게를 얻는 데 필요하고 2만 달러는 과일을 살 밑천으로 필요하다."

유대인 영감은 고개를 끄덕이더니 두말 않고 임 장로에게 돈을 주었다. 후일 임 장로의 가게가 어느 정도 기반이 잡혔을 때 유대인 주인에게 큰 잔치를 베풀어주며 감사의 뜻을 전하고 난 뒤 물었다.

"어떻게 해서 나 같은 이방인에게 이런 큰 도움을 주었는가?"

그런데 돌아온 대답은 뜻밖에 간단했다. 대답은 두 가지였다. 한 가지는 자신이 뉴욕에 처음 왔을 때 죽도록 고생하던 생각이 났다는 것이고 둘째는 그들이 읽는 구약의 토라 속에 자비와 긍휼을 베풀라는 말씀이 있어서 실천했을 뿐이라는 것이다.

그로부터 10년이 못 되어 나이 많은 유대인 주인은 죽었고 그 건물은 임 장로가 인수하여 임대주가 되었다. 그로부터 다시 25년, 임 장로는 현역에서 은퇴했지만 알아주는 재력가가 되어 주위 사람들을 도우며 살고 있고, 봉사와 선교에도 지대한 후원을 하고 있다. 인생역전이란 이런 것을 두고 하는 말이다. 혼신을 다하면 주변이 변한다. 혼신에 열정이 더해지면 모두가 감동한다. 한두 번 하다 마는 것은 혼신이 아니다. 한두 번 실패했다고 포기하면 열정이 아니다.

14

판도를 바꾸라

: 열정으로 주도하라 :

인간은 영혼을 가졌기에 혼신의 존재가 될 수 있다. 인간은 무엇이며, 자아란 무엇인가? 프랜시스 크릭이라면 이 질문에 인간은 "뉴런 덩어리"일 뿐이라고 대답할 것이고 리처드 도킨스라면 "이기적 유전자의 숙주"라고 이야기할 것이다.

도킨스가 만든 말이 '밈'이다. 그가 만든 밈학(theory of meme)에서는 인간 자아를 바라보는 새로운 관점을 제공한다.

첫째 우리는 인간의 몸과 뇌라는 물리적 기기를 통해 운영되는
거대한 밈플렉스(meme-plex)란 것이다. 우리 머릿속에는 이미 수
백, 수천만 가지의 밈이 가득 들어차 있으며, 지금 이 순간에도 수
많은 밈이 우리 머릿속을 드나들고 있다고 한다. 그의 말에 따르면
우리는 '뉴런 덩어리'가 아니라 '밈 덩어리'다. 그래서 우리는 밈 머
신(meme machine)이 된다. 태어난 순간부터 지금까지 거의 한순간
도 쉬지 않고 무언가를 모방해왔으며, 다른 누군가 역시 우리를 모
방하고 있다고 한다. 이것이 밈학이다.

하지만 우리는 여기서 한 단계 더 나아가야 한다. 물리적, 화학적
인간에 대한 이해를 뛰어넘어 인간은 혼적이며 영적인 존재라는
것을 이해해야 한다. 인간의 영혼을 밈으로 설명하려는 노력은 가
상하지만 인간은 육신과 동시에 신과 같은 초월적 존재를 품고 있
는 것이다. 그래서 우리는 천사와 동물의 중간쯤 되는 존재의식을
가지고 물질계와 정신계에 동시에 영향을 미치는 만물의 영장이
다. 자연계와 물리계가 우리의 생각, 우리의 말에 영향을 받는다.
따라서 혼신의 힘을 쏟으면 주변이 변화한다. 우리의 마음에 따라
세상에 긍정적인 영향을 미칠 수 있다. 물론 가장 중요한 영향력은
이타성(利他性)이다.

에모토 마사루가 이야기한 것처럼 사랑이란 단어에 물이 아름다
운 모양의 결정체를 만들고 행복이라는 말에 나무와 풀들이 노래

한다. 물은 가장 수용성이 높은 물질이다. 그래서 물이 답을 알고 있는 것이다.

이타성으로 충만한 혼신의 열정이 공감과 소통을 만든다. 사랑을 담은 열정이야말로 혼신의 힘을 내는 영원한 동인(motive)이다. 이러한 열정으로 세상을 주도하는 사람을 모티베이터(motivator)라고 한다.

《디시전 메이킹》에서 이형규는 이렇게 말했다. "소통은 마음을 울리는 과정이다. 또한 마음을 움직이는 전략이다. 조직과 커뮤니케이션하고 조직을 움직이는 과정 역시 포함된다. 하지만 크게 보면 소통은 판단을 내려야 할 문제에 직면했을 때, 그것이 개인의 사사로운 문제이든 대의명분이 뚜렷한 조직의 문제이든 이를 구체화하고 확산시키는 과정이고 전략이다."

: 도전하면 못 할 것이 없다 :

세상은 흔적을 기록하는 무대다. 그것을 문화라고 한다. 문화를 지칭하는 'culture'는 'cultivation', 즉 '경작'에서 나왔다. 밭을 경작한 흔적이 문화다. 즉 모든 인간은 이 세상에 빈손으로 오지만 각자의 역량에 따라 생애의 업적을 남기고 간다. 인간이 동물과 다른 점이다. 이 세상에는 아직 우리의 기적을 기록할 빈 페이지가 너무나 많다. 단순히 좋은 것을 넘어 위대한 삶을 희망하라. 긍정적인 흔적을 남기겠다는 비전을 가지라.

조은시스템의 김승남 회장은 오십대 중반에 사업을 시작했다. 1990년대였으니 당시 오십이면 현역에서 은퇴를 준비해야 할 나이였다. 하지만 그는 직원 세 명을 두고 보안회사를 차렸다. 당시 오십대의 대부분은 컴맹이었지만, 그는 새로운 세상을 보았다. 콜럼버스처럼 미지의 세상을 향해 겁 없이 항해를 시작했다. 그리하여 결국 직원 4,000명이 넘는 탄탄한 보안회사로 키웠다. 도전하면 못 할 것이 없다.

김 회장의 원래 직업은 군인이었다. 군인, 공무원, 교사의 공통점은 자기 일밖에 모른다는 것, 세상 물정에 어둡다는 것이다. 그러다 보니 사십대에 아는 친척한테 사과 한 박스 받고 고마운 마음에 재정 보증을 섰다가 파산했다. 연금을 받아 노후를 즐기려던 꿈은 물거품이 되었다. 이럴 때 좌절하면 남는 것은 죽음뿐이다.

하지만 지나간 것은 지나간 것이라는 생각을 했다. 그러고 나니 다시 새로운 꿈을 꿀 여유가 생겼다. 생각을 바꾸자 좋은 길이 열렸다. 자녀 셋을 석사와 박사, 의사로 키웠다. 그래서 뒤늦게 사람들에게 메시지를 주어야겠다고 생각해 책을 한 권 썼다.

그 책의 제목이 무엇인지 아는가? 너무나도 간결하다. 바로《고맙습니다》다. 김 회장은 책에서 이렇게 밝혔다. "누구나 1퍼센트의 믿음만 있으면 어떤 환경에서도 다시 시작할 수 있다."

그는 자신의 이러한 외침을 삭이고 있을 수가 없었다. 모든 사람에게 알리고 싶어졌다. 그래서 3개월 반 동안 매일 두 시 반이면 일어나서 노트북에 직접 썼다. 석 달 동안 날마다 써서 원고지 1,000매에 하고 싶던 얘기를 쏟아낸 것이다. 그중 300매는 빼고 700매를 가지고 책을 냈다. 그가 책을 통하여 세상에 던지고 싶었던 메시지는 '감사하는 마음으로 살면 기회는 언제든지 열려 있다'는 것이었다.

그의 어릴 적 꿈은 학교 선생님이었다. 하지만 환경에 따라 꿈은 바뀌기 마련이다. 5·16쿠데타가 일어나서 군 기피자 색출바람이 불어 군대를 갔다 와야 했다. 그래서 '어차피 3년을 기다려야 한다면 간부후보생 시험을 봐서 장교로 갔다 오자'고 생각을 바꾸었다. 그렇게 생각하니 아까운 군 생활 3년이 또 다른 기회가 되었다. 드디어 3년, 조금 있으면 제대인데 월남으로 파병이 되었다. 그렇게 해서 결국 21년 동안 군 생활을 하게 된 것이다.

그리고 전역을 했다. 군 출신이라는 점을 사서 다행히 특채로 은행원이 되었다. 그곳에서 7년 반을 근무했는데, 폐쇄적인 은행원들에게서 '군바리' 출신이라고 왕따를 당했다. 그래서 한직인 카드발급부로 밀려났다. 성공하는 사람들의 공통적인 특징은 어디를 가든지 성공한다는 것이다. 그들에겐 성공인자가 있기 때문이다.

이것이 혼신열정이라는 조합을 만들면 위기조차 기회로 바뀐다. 그는 모든 은행원이 퇴직 코스라고 생각하는 카드발급부에서 1등을 했다. 그러자 이번엔 보험파트로 내쫓았다. 그곳에서도 1등을 했다. 그러한 경험들이 후일 그가 자기 사업을 벌였을 때 자신감으로 되살아났다. 그는 항상 감사하며 신 나고 즐겁게 살았다. 이것이 혼신열정이다.

: 세상에 있을 때 즐거웠나? :

모건 프리먼과 잭 니콜슨, 이름만 들어도 잘 알 것이다. 흑인과 백인으로 인종은 서로 다르지만 아카데미상 수상자이며 할리우드에서 존경받는 배우라는 공통점을 지닌 노년의 두 명배우가 호흡을 맞춘 영화가 있다. 바로 〈버킷 리스트〉다. 모건 프리먼은 인자하고 지혜로운 노인 카터 역이고, 잭 니콜슨은 고집쟁이에 조금 괴팍하지만 여린 면이 있는 에드워드 역을 맡았다.

두 노인이 한 병실에 머물게 된다. 젊은 시절 역사 교수를 꿈꿨던 카터는 가족을 먹여 살리기 위해 자신의 꿈을 버린 채 46년간 자동차 정비공으로 일했다. 재벌 사업가인 에드워드는 카리스마 있는 사업가로 수완이 좋아 돈은 넘칠 정도로 많지만, 그의 곁엔 충직한 비서 외에는 아무도 없다. 무려 네 번이나 결혼했음에도 그는 혼자서 인생의 말년을 보내고 있었다.

　서로 정반대의 배경과 성격을 가진 이들이지만, 삶이 몇 개월밖에 남지 않았다는 선고를 듣자 병실에 가만히 누워 있기보다는 세상 밖으로 나가기로 뜻을 모은다. 조용히 과거를 성찰하거나 인생을 관조하는 대신 죽기 전에 꼭 하고 싶은 일, 즉 버킷 리스트를 작성하기로 한다. 그 리스트에는 낯선 사람 도와주기나 눈물이 날 때까지 웃어보기 같은 소박한 것들부터 세계 최고의 미녀와 키스하기, 장엄한 광경 보기와 같은 원대한 꿈에 이르기까지 갖가지 소원이 적혔다.

　둘은 에드워드의 재력을 바탕으로 전용 비행기를 타고 세계를 호사스럽게 누비고 다닌다. 눈부신 타지마할부터 황금빛 피라미드, 야생 동물이 뛰어다니는 세렝게티, 프랑스의 최고급 레스토랑, 홍콩의 세련된 바 등등을 방문하고 레이싱과 스카이다이빙 같은 극한 스포츠까지 원 없이 체험한다.

　생애 마지막 순간 서로에게 진정한 동무가 되어준 두 사람의 우정은 유쾌하기도 하다. 그들이 이집트의 피라미드 위에 올라서서 하는 말이 인상적이다. 피라미드 꼭대기에서 사막으로 사라지는 황혼을 보며 한 노인이 입을 연다.

　"자네! 이집트 사람들에게 전해 내려오는 이야기 아나?"

　"무슨 이야긴가?"

"이집트 사람들은 천국이 있다고 믿었는데 그들이 죽어 천국의 문에 이르게 되면 두 가지 질문에 대해 답을 해야 했지!"

"그게 어떤 질문인데?"

"하나는, '세상에 있을 때 즐거웠나?' 하는 것이지."

"즐거웠느냐? 호! 그거 쉬운 질문은 아닌걸!"

"그렇지? 두 번째는 '자네 인생이 다른 사람들을 즐겁게 했나?' 라네. 이 두 가지만 천국에서 물어본다네."

"다른 사람을 즐겁게 해주었느냐? 두 번째 질문에 대한 답은 더 어렵겠군!"

나는 그 영화를 보면서 모르긴 해도 모든 사람이 마지막 날 천국의 문 앞에서 받게 될 질문도 그와 비슷하지 않을까 생각해봤다. 인생이라는 것도 어찌 보면 생애의 여행 아닌가. 여행의 목적은 행복과 즐거움인데 그 즐거움을 누리지 못하고 있다면 사는 게 지옥인 것이다. 또한 여행길에서는 누구나 친구가 되고 하나가 되지 않는가. 이러한 생애의 목적이 분명할 때 우리는 언제나 새로운 경험을 즐거워할 수 있다. 비바람이 몰아치는 폭풍과 한낮의 뙤약볕도 즐거운 체험 중 하나로 여길 수 있다.

이러한 내적 자아가 충만한 사람만이 혼신의 열정으로 살아갈 수 있다. 혼신열정이 강한 사람은 어떤 경영에서도 이긴다. 왜냐! 결과에 연연하기보다 과정을 즐기기 때문이다. 김승남 회장은 과정에서는 때때로 졌지만 결과적으로는 항상 이겼다. 자기경영, 가정경영, 회사경영, 사회경영, 나라경영 모두 혼신의 열정으로 해냈기 때문이다.

: 혼신열정의 축복 :

세상이 말하는 복과 성경이 말하는 복에는 차이가 있다. 세상이 말하는 복을 '행복(happiness)'이라고 말한다. 반면에 성경이 말하는 복은 '축복(blessing)'이다. 행복은 그 어원이 'happen'이다. 즉, 행복이란 우연히 일어나는 것이다. 한마디로 말해서 'happening(해프닝)'이다. 그래서 지금 행복해 보이는 사람이라도 몇 년 있다가 보면, 불행해져 있을 수도 있다. 마찬가지로 지금 불행해 보이는 사람이 몇 년 후에 잘나가는 사람일 수 있다. 왜? 행복은 우연이기 때문이다.

반면에 축복은 그 어원이 'bleed'다. 이 말은 '피를 흘린다, 희생한다'는 뜻이다. 남들을 위해서 희생하는 것, 피를 흘리듯 희생하는 것이 축복이라는 말이다. 혼신의 힘으로 나다움을 드러내며 이타적인 삶을 살 때, 그것이 곧 축복이다.

왜 하늘은 어떤 사람들에게 많은 은혜를 주는 걸까? 혼신열정의 힘으로 더 많은 희생을 하라는 뜻이다. 그러므로 진정으로 세상을 변화시키는 강력한 사람이 되기 위해서는 축복의 사람이 되어야 한다. 희생할 줄 아는 사람이 되어야 한다. 하늘의 은혜를 바탕으로 나만의 1퍼센트를 만들어야 한다.

박지성은 축구를 통해 다른 사람을 행복하게 한다. 김연아는 피겨스케이팅을 통해, 박태환은 수영을 통해 남을 축복한다. 이것이 자신의 원천기술이다. 나는 글쓰기와 강연을 나의 원천기술로 삼았다.

따라서 남다른 1퍼센트가 있으면 누가 보아도 알아본다. 김승남 회장은 군 생활 21년에 은행원으로 12년을 지낸 뒤 쉰네 살에 창업했다. 은행에서 보험업무를 맡으면서 인적 네트워크의 중요성을 깨달았다. 나만의 블루오션을 그때부터 준비했다. 그리고 컴퓨터가 제일 처음 나왔을 때, 그곳에서 또 다른 세상을 보았다. 그때가 딸이 중학생 때였다. 당시는 먹지를 넣고 타자를 치던 때다. 286 컴퓨터를 보러 갔는데 화면에서 실수한 글자를 수정해 인쇄하는 것을 보고 '이거다!' 싶었다. 그래서 컴퓨터 학원에 등록했다. 당시 학원 수강생 대부분이 대학생, 중학생이었는데 마흔 중반에 그들 틈에 끼어 함께 배웠다. 그는 도스 시스템부터 외우다시피 했다. 화장실에도 붙여놓고 식당에도 붙여 도스 시스템 한 권을 다 외웠다. 그리고 석 달 치 월급보다 비싼 노트북을 사서 늘 끼고 살았다. 그걸 둘러메고 MIS 인터넷 E-비즈니스를 배워 IT업체를 창업한 것이다.

그는 1퍼센트의 가능성만 있으면 무엇이든 다 도전했다. 바둑에 완전히 미쳐서 8개월 만에 아마 3단이 되었다. 컴퓨터에 완전히 미쳤을 때는 집 안 곳곳에 외워야 할 내용을 다 붙여놓았다. 4~5년 전부터는 중국어와 영어에 미쳤다고 한다. 40년 동안 영어공부 안 하고 미국 갔더니 답답해서, 그래서 영어공부를 했단다. 역시나 영어공부도 미친놈처럼 했다고 한다. 무엇이든 혼신열정이다.

그가 창업한 조은시스템은 경비보안 시스템 회사다. 인천 공항에 가서 짐을 부칠 때 마약이나 폭발물이 포함되어 있는지를 점검하는 게 조은시스템 제품이다. 군내은행과 외국계 주한은행, 미군기지 경비보안 등도 죄다 조은시스템이 맡고 있다. 또 무인경비, 아파트 전자경비 시스템을 만드는 회사로 조은세이프도 설립했다. 하나로 시작한 진주가 서 말이 넘는 보배를 만든 것이다. 혼신열정의 열매다.

15

먼저 변화하라

: 배짱과 근성 :

아프리카의 한 인디언 부족은 기우제를 지내기만 하면 신통하게도
비가 내린다고 한다. 왜 그럴까? 답은 비가 올 때까지 기우제를 지
내기 때문이다. 물은 100°C에서 끓는데 99°C까지 열심히 끓이다
가 마지막 1°C의 고비를 넘기지 못해 실패하는 사람이 많다. 그때
가장 많이 하는 변명이 "난 최선을 다했어"다. 최선을 다해도 안 됐
다면 그래도 더 해보라고 말하고 싶다. 정말 안 될 것 같을 때 한 번

더 해보는 1퍼센트의 믿음이 프로와 아마추어의 경계다.

KTF를 굴지의 기업으로 키우고 현재 세라젬 H&B의 대표이사를 맡고 있는 조서환 씨. 그가 기획한 광고가 '쇼를 하라 SHOW'였다. 그 시절 낸 책이 《모티베이터-동기를 부여하는 사람》이다. 처음 그가 애경에 입사해 최악의 조건에서 최선을 다해 만든 작품이 몇 가지 있다. 경쟁사인 LG보다 1년 뒤에 출시한 하나로 샴푸의 마케팅에 성공한 사실은 업계에서도 유명하다.

애경을 마케팅 사관학교로 키우고 KTF 마케팅의 신화를 써낸 조서환 대표이사. 그는 스물세 살 육군 소위 때 부대에서 사고를 당해 오른손을 잃었다. 사고 당시 스물두 살의 여자 친구였던 지금의 아내가 그를 지금의 모티베이터로 만들었다. 아내가 그의 모티베이터였던 것이다. 그녀가 그의 마음속 거인을 깨웠다. 하지만 그거인은 차디찬 현실에 여러 번 좌절을 겪어야 했다. 그것은 혼신의 열정을 깨우기 위해 거쳐야 할 과정이었는지도 모른다. 그는 역경속에서도 믿어준 소중한 사람들을 기쁘게 하고자 끊임없이 혼신열정의 모티베이션을 발휘한다. 너무나 쉽게 좌절하고 마는 이 시대사람들에게 모티베이션이란 무엇인지, 또 어떤 것이 혼신열정인지알려준다.

혼신열정의 첫 번째는 배짱이다. 영문과를 졸업한 그는 성적이좋아서 시험이든 서류전형이든 모두 척척 붙는데, 마지막 면접에서 떨어지기를 수십 번 했다. '손 다쳤다', '국가유공자다'라는 말만 꺼내면 사람들은 예외 없이 그의 오른쪽 의수를 바라보았다. 그것은 곧 낙방을 의미했다. 그런데 애경산업의 장영신 회장이 그의 구원자였다. 면접실에 들어갔다가 울분을 토하고 나오는데 거기 앉아 있던 웬 아줌마가 껄껄 웃으며 이렇게 이야기했다.

"지금까지 한 얘기 영어로 한번 해보세요. 쭈욱!"

그 말 한마디가 그의 인생을 반전시켰다. 준비해둔 그의 영어실력이 불을 뿜었다. 열정은 울분과 다르고 배짱은 호기와 다르다.

마침내 면접에도 합격하여 근무를 시작한 지 3년이 지날 무렵, 대리 진급을 앞둔 어느 날이었다. 유니레버와의 조인식이 있었는데 장영신 회장은 원고도 주지 않은 채 통역을 하란다. 모든 가능한 상황을 설정하고 영어로 옮겨 죄다 외웠다. 회장이 할 만한 말을 예상해서 외우고 또 한편으론 긴 연설내용을 요약해서 설명할 경우를 상정했다. 장영신 회장은 두 번째 방법을 요구했다. 긴 연설을 요약해서 전달하라는 것이었다. 그는 미리 준비한 영어로 일사천리로 통역했다. 그 일로 그는 사내에서 스타가 되었다. 외팔이 사내가 뜬 것이다. 혼신열정은 의식의 혁명이다. 생각이 혁명을 일으키면 몸의 장애가 장애가 되지 않는다.

혼신열정가, 모티베이터인 그에게 또 한 번의 위기, 곧 기회가 되는 사건이 일어난다. 시민 모임에서 조사한 결과를 방송에 내보낸다는 것이다. 화장품 회사들이 저급의 레티놀을 사용하고, 그 양마저 허위로 표기한다는 내용이었다. 예정된 방송은 전 국민의 시선이 집중되는 9시 뉴스였다. 한 번 방송이 뜨면 변명의 여지도 없게 직격탄이 떨어질 터다. 그는 그 소식을 듣자마자 부리나케 방송국을 찾아갔다. 물론 전문가를 대동한 채 말이다. 중앙의 모든 방송국을 찾아가 우선 급한 불을 껐다. 문제는 KBS였다. 아무리 설득해도 보도를 막을 길이 없었다. 그리고 이미 다 만들어진 영상과 멘트를 한 시간 앞두고는 고칠 수 없다는 것이었다. 장시간 실랑이가 계속되었고, 외팔이 사나이의 외침은 점점 커졌다. 그때 KBS 보도국의 류근찬 국장이 중재안을 내놓았다.

"시민단체에서 발표한 내용이니 우리가 발표를 안 할 수는 없습니다. 단, '애경에서는 이렇게 주장한다'고 보도하겠습니다."

"바로 그겁니다. '시민단체의 주장은 이렇고, 애경의 주장은 이렇다. 즉, 레티놀이라는 성분이 원래 시간이 지나면 날아갈 수 있으니 한 군데에서 샘플 하나만 가지고 테스트해서 결론을 내릴 것은 아니라고 한다'고 보도해주십시오."

결국 뉴스를 고쳤다. 일곱 시에 모든 준비가 끝나 있던 보도내용을 고친 것이다. 혼신의 열정에 애경의 모든 경영진은 탄복했다. 제일 놀란 사람은 엉겁결에 따라왔던 서충석 전무였다. 입구에서부터 들여보낼 수 없다는 걸 "만약 이따위로 나가면 광고 중단한다"는 엄포까지 해가며 목적을 이루어낸 혼신의 열정은 회사 안에서 하나의 신화가 되었다.

혼신의 열정을 가진 사람에게는 본인뿐 아니라 주위 사람도 꼭 필요한 사람이 되게 만드는 힘이 있다. 그게 모티베이터다.

: 열정의 농도 :

똑같은 능력을 가졌다 할지라도 그 열정에 따라 농도가 달라지고 1퍼센트의 온도에 따라 결과가 달라진다. 삶에서는 1퍼센트의 차이가 전혀 다른 언어와 가치를 만든다.

열정의 온도와 농도가 다른 에버랜드의 이야기를 해볼까 한다. 에버랜드는 열정이 넘치는 조직이다. 이들은 조회라는 딱딱한 말 대신 굿모닝 페스티벌이라고 부른다. 직원들 스스로 자신들을 게스트(guest)라 하고, 놀이공원을 스테이지(stage)라 부른다. 자신들만의 독특한 핸드롤링 인사법을 만들었고, 마법의 말을 큰 소리로 복창하는 매직스펠도 만들었다. 1퍼센트의 남다른 열정이 다른 문화, 다른 조직을 만드는 것이다.

남다른 가치를 가진 프로들은 반드시 남다른 결과를 만들어낸다. 그래서 1퍼센트가 무섭다. 달인의 경지에 오른 사람들에게도 그들만이 가진 1퍼센트가 있다. 프로 농구선수는 손 끝에 느껴지는 볼의 감각만으로도 골인을 감지하고, 초밥 달인은 한 번에 쥐는 밥알의 수가 항상 일정하다. 그 정도의 경지에 오르기 위해 끊임없는 연습을 하기 때문이다. 그것이 바로 1퍼센트의 농축액이다. 나만의 1퍼센트를 가지는 것, 이것이 혼신열정의 비밀이다. 진정한 혼신열정가는 나의 변화로부터 타인과 조직의 변화를 이끄는 진정한 리더십의 소유자다.

나를 변화시키지 못하면 남을 변화시킬 수 없다. 꿈을 상상으로만 그치지 않고 현실로 바꾸는 사람들, 그들에게 처음부터 특별한 능력이 있었던 것이 아니다. 처음엔 모두 자신을 바꾸는 작은 변화로 시작했다. 그 작은 변화의 출발은 자신의 행동을 부르는 날카로운 동기부여에서부터 시작한다. 작은 1퍼센트의 동기는 성공과 실패를 가르는 예리한 칼날이다.

루스벨트가 말했다. "사람은 1퍼센트의 기회를 이용할 줄 알아야 한다. 1퍼센트의 기회란 누구에게나 찾아온다. 위기가 1퍼센트의 기회를 만들어준다. 즉 전쟁이 없다면 위대한 장군을 가질 수 없고 거대한 사건이 없다면 위대한 정치가는 나오지 않는다."

에디슨의 이 말도 기억해둘 만하다. "젊은이! 자네의 인생은 이제 막 시작되었는데 내 자네의 미래에 도움이 되는 말 한마디 들려주겠네. 나는 일만 번 실패한 것이 아니고 단지 일만 번 성공할 수 없는 방법을 발견했다네."

이 말은 에디슨이 전구를 발명할 때 한 말이다. 그는 단번에 성공한 것이 아니라 단지 포기하지 않았기 때문에 성공의 방법을 찾아낼 수 있었던 것이다.

"내 손가락은 움직일 수 있고, 머리는 생각할 수 있으며, 나에게 평생 추구하는 이상이 있고, 나를 사랑하는 사람과 내가 사랑하는 친척과 친구가 있으며, 게다가 나는 감사의 마음을 가지고 있습니다."

이 너그럽고 아름다운 말은 휠체어에서 30여 년 동안 생활한 중증 반신불수의 환자, 세계적인 과학자 스티븐 호킹의 말이다.

16

몰입하라

: 이루려면 먼저 마음에 품어라 :

같은 사건도 혼신의 마음으로 보면 해석이 달라진다. 중세기 천연두의 만연으로 인류는 종말에 이른 것 같았다. 그때 영국의 의사 '제너'가 종두법을 개발하여 인류는 살아남았고 천연두는 지상에서 사라졌다. 그 발견은 생각을 다르게 한 결과였다.

제너가 관찰한 바로, 목동들이 소를 돌보는데 소가 천연두에 걸려서 콧물을 줄줄 흘리다가 천연두를 이기고 나니까, 그 콧물에 접

촉했던 목동들이 천연두에 걸리지 않는 것이었다. 그래서 '아! 소가 먼저 천연두에 걸려서 천연두를 이기고 나면 그 혈청을 주사해 면역을 얻을 수 있겠구나' 하는 생각을 했다. 이후 그는 그것을 실험에 옮겼고, 결국 천연두는 이 지상에서 박멸되었다. 임시처방이 아니라 근원적인 해결을 한 것이다.

우두를 맞으면 천연두에 대한 면역이 생기면서 천연두균을 능히 이길 수가 있다. 마음도 저항력, 면역력을 가져야 한다. 그러려면 크든 작든 자기에게 주어진 고통을 감내해야 한다.

우리는 매 순간 크고 작은 두려움에 발목 잡혀 앞으로 나아가지 못하고 머뭇거린다. 면접에서 떨어질까 봐, 새로 올린 기획안을 상사가 맘에 안 들어할까 봐, 애인과 말다툼 후 헤어지게 될까 봐… 때론 천재지변이나 사고처럼 일어나지도 않은 일에 대해 두려움을 느끼기도 한다. 하지만 진짜 문제는 두려움 자체가 아니라 두려움을 대하는 방식이다. 어떤 사람들은 두려움을 뿌리치고 앞으로 나아가지만 어떤 사람들은 두려움 때문에 옴짝달싹 못한다.

인간은 99퍼센트 흙으로 지어진 존재지만 그 속에 1퍼센트의 영혼이 있기에 위대하다. 죽으면 흙으로 돌아가지만 그 순간 99퍼센트의 영적인 생명이 살아난다. 99퍼센트의 무한한 능력이 영혼 속에 있다. 그런데 지금은 99퍼센트의 육체에 갇혀 있기에 불안한 것이다. 인간은 몸에 갇힌 1퍼센트의 영혼이 있기 때문에 밥으로만 살 수 없다. 인생에는 영원한 의미가 필요하다. 그것이 사라지면 곧 죽음의 그늘이 다가온다.

삶의 의미를 잃어버린 사람들은 우울증에 걸린다. 그들은 아침에 일어나면, 막상 할 일이 떠오르지 않는다. 그것이 반복된다. 그러면 지루한 일상이 싫어 육체를 버린다. 그것이 자살이다.

한 해 동안 우울증으로 죽는 사람이 5천 명이나 된다는 통계가 있다. 왜 그들은 자살로 생을 마감하는가? 이유는 단 하나 자신의 나약한 육체적 모습만을 보기 때문이다. 혼신의 힘에 숨겨진 비밀을 모르기 때문이다.

영국의 시인인 밀턴은 "마음은 천국도 만들고 지옥도 만든다"고 했다. 혼다오토바이의 혼다 소이치로 회장은 하마마스 구멍가게 작업장 시절부터 "나는 반드시 세계 제일의 오토바이 회사를 만들고 말겠다"는 열정을 가졌고, 자이언트 팀 감독 나가시마 시게오는 현역 시절 시합에 들어갈 때마다 굿바이 히트를 친 뒤에 할 인터뷰 대사를 미리 연습해두었다.

마음에 긍정의 힘을 강화하는 것은 이런 유명한 사람들만 할 수 있는 일이 아니다. 우리도 누구나 그렇게 할 수 있으며 열정으로 비전을 구체화해야 한다. 삶은 결국 그 사람이 마음속에 품은 자신감과 믿음 그리고 비전대로 이루어진다. 그런데도 사람들은 그건 이론에 불과할 뿐이라고 한다. 그런 사람들은 '인생이란 어차피 내 생각대로 풀리지 않는 것'이란 부정적 비전을 품고 있기 때문이다.

《16살, 네 꿈이 평생을 결정한다》란 책이 베스트셀러 반열에 올라선 이후 나는 "나는 비전 강사가 되고 싶고, 기왕이면 매스미디어 쪽으로 진출하겠다!"라는 열정적인 비전을 품었다. 그랬더니 텔레비전, 라디오, 잡지, 신문사의 취재 요청이 쇄도했다. 모든 것이 한꺼번에 이루어진 것이다. 그때까지는 어디 하나 연줄이란 게 있을 리 없는 시골 목사였다. 하지만 이것은 결코 특별한 경우가 아니다. 오히려 당연한 일이다. 열정과 비전은 일맥상통하며 더 나아가 나비 효과를 만들기 때문이다.

: 뜨거워야 변한다 :

마음이 뜨거워야 인생이 변한다. 뜨거운 마음으로 머리와 몸을 움직여라. 혼신을 쏟아붓는 열정이 있어야 한다. 추구하는 꿈을 실제로 이룬 사람들의 이야기를 탐욕스러울 정도로 찾아 읽어라. 그들의 사고방식, 행동습관, 인간관계 등을 중점적으로 파고들어라. 그들이 가진 긍정적인 것들을 전부 당신 것으로 만들어라. 그리고 그들보다 더 열심히 살아라.

그러나 헤아리기 힘들 만큼의 시련이 찾아올 것이다. 눈물 마를 날이 없을 정도로 한없이 힘겨운 시기도 있을 것이다. 때론 모든 걸 내팽개치고 사라져버리고 싶은 날도 있을 것이다. 그냥 삶이 무료해져 죽고 싶은 날도 있을 것이다. 그런 때는 내게 태울 수 있는 열정이 남아 있는지 보라. 그때마다 당신은 깨닫게 될 것이다. 꿈을 꾸는 단순한 행위가 당신 안에 잠들어 있는 열정을 깨운다는 사실을 말이다.

"미래와 약속하십시오. 우리를 행동하게 만드는 것은 과거나 현재가 아니라 언제나 미래입니다."

《이기는 습관》의 저자 전옥표 위닝경영연구소 대표는 경쟁에서 승리하는 원동력은 확고한 비전 설정과 실행의지라며 이같이 말했다. 이 실행의지를 끓어오르게 하는 것이 혼신열정이다.

그는 "어제나 오늘이 우울하고 힘들더라도 미래에는 어느 분야에서 최고의 전문가가 되겠다고 계획하고 부단하게 약속해야 한다. 또 자신만의 고유한 전문 영역을 만드는 데에도 소홀하지 말아야 한다. 앞으로는 어느 회사에 다닌다는 직장의 개념이 아니라 무슨 일을 하고 있느냐의 전문성으로 평가받게 될 것이다"라고 했다.

전 대표는 '동사형 인간'이 되라고 말한다. 그리고 목표의 실천을 위해서는 "모든 목표를 동사로 쪼개서 관리해야 한다"고 말한다. 예를 들어 몸무게를 줄여야 한다고 목표를 잡았으면 '운동한다, 먹는 것을 줄인다, 계획대로 생활한다' 등으로 세분화해야 한다는 것이다. 매출 100퍼센트를 달성해야 한다는 목표라면 결국 하루에 '고객

세 명 만나기' 등으로 행동할 수 있는 단위로 쪼갠 액티비티(activity) 계획, 즉 동사형 미션을 만들어서 실행해나가야 한다. 앞이 캄캄해 아무것도 보이지 않아도 동사형 인간이 되기 위해 한 가지씩 법칙을 몸에 익히다 보면 언젠가 큰 성취를 이끌어낼 수 있다.

헬렌 굴리 브라운은 말했다. "성공한 사람과 그렇지 못한 사람을 구분하는 단 한 가지 기준은 진정으로 열심히 일하려는 의지가 있느냐이다."

: 캄보디아에 1,000개의 학교를 세우겠다 :

나는 현재 캄보디아에 학교를 세우는 일을 하고 있다. 앙코르와트로 유명한 시엠립에 아가페 프라미스 아카데미가 제1호 학교다. 2008년 9월 처음 캄보디아를 여행하다가 우연히 현지 선교사의 안내로 원주민 목사가 운영하는 조그마한 학교를 방문하게 되었다. 말이 학교지 30평도 채 안 되는 판잣집에 다락을 만들어 교실 두 개로 쓰고 있었다. 유치원부터 3학년까지 네 개 반을 오전, 오후로 나누어 수업을 진행했다. 신발도 신지 못한 아이들은 공책도 없이 열악한 환경 가운데서도 배우고자 눈을 빛내며 칠판을 응시했다. 그들의 눈을 보면서 '아! 하나님 이들을 어찌하시렵니까? 이들에게 공부할 수 있는 제대로 된 교실과 교과서와 공책을 주십시오'

라고 나도 모르게 기도했다.

순간 나는 앞으로 남은 인생에서 무엇을 해야 할지 깨닫게 되었다. 그 현장을 보고 돌아와 나는 교회 교인들에게 호소했다. 커피 한 잔, 택시비 한 번 아껴서라도 우리가 진 빚을 갚자고. 2009년 2월 중순, 열여덟 명의 대원을 데리고 들어가 현장을 다시 파악하고 도울 길을 찾았다. 그리고 2009년 5월부터 제1호 캄보디아 아가페 프라미스 학교를 개교하기에 이르렀다. 1,000개의 학교를 세우기 위한 거룩한 행보의 시작이다.

그리고 2010년 9월 드디어 9번째의 학교가 캄보디아의 수도 프놈펜 인근 공항 옆에 세워졌고 2010년 말까지는 10개가 되었다. 그리고 2012년에는 방글라데시에 학교가 세워져 모두 13개의 학교가 세워졌다. 100평도 안 되는 간이 막사형 학교로 출발했던 교회가 이제 최신식 양옥으로 지어진 2층 건물에서 기숙사 학교로 발전한 곳도 생겼다. 프놈펜 인근 국제공항 근처 목자원 부지에 세워진 PEACE 글로벌 학교가 바로 현장이다.

이 학교는 대지가 4,000평인데 김대윤이라는 선교사가 캄보디아 상황에 맞게 농업학교를 설립하여 7년째 농업기술을 전수해오던 곳이었다. 하지만 급격하게 산업국가로 변모하는 캄보디아에서 농업학교는 인기가 없었다. 우리는 그곳에 캄보디아의 모범적인 캠퍼스 타운을 짓기로 하고 모금을 시작했다. 교회와 개인 독지가 여러 명이 이 일에 도움을 주었다. 특히 여수의 한 교회 목사님은 그야말로 안타까운 성금을 건네주시기도 했다. 몇 년 전 아들이 물에 빠진 학생들을 구하려고 물에 뛰어들었다가 학생들은 구하고 자신은 그만 천국에 가고 만 가슴 아픈 사연이 있었다. 그때 받은 아들의 의사상자 위로금을 학교 건립에 쾌척하신 것이다. 덕분에 그곳에 학교의 기초가 되는 유치원이 세워졌다. 이윽고 분당 세은교회의 권 장로님께서 2억 원 정도를 후원해주어 최종적으로 4,000평 부지에 1,000여 평의 교사가 지어진 것이다. 결국 이 학교를 시발로 캄보디아에 학교 세우기 열풍이 불어 거의 모든 선교사와 NGO들이 학교를 세워야겠다는 꿈과 비전을 품게 되었다.

1퍼센트의 작은 누룩이 결국 밀가루 전체를 부풀게 하는 기적이 일어난 것이다. 앞으로 10년 안에 80여 개의 학교를 더 세울 수 있다면 그 파급 효과로 1,000개의 학교가 자생적으로 세워지지 않을까? 생각해보라. 처음 라이트 형제가 하늘을 나는 비행기를 만들 수 있다고 했을 때 그것을 믿는 사람이 얼마나 되었을까? 세종대왕이 한글을 창제한다고 했을 때는 또 어떠했던가. 수많은 사대부가 반대했다. 하지만 21세기 한국은 그 한글 덕에 세계 최고의 IT 국가가 될 수 있었다. 1퍼센트의 시작은 없는 것을 있다고 하는 누룩의 시작이고 겨자씨 한 알의 시작이다.

17

하나를 붙들어라

: 하나를 위해 아홉을 끊다 :

역사상 최고 거장들은 하나같이 바보 같은 삶을 살았다. 가장 중요한 하나를 살리기 위해 나머지 아홉을 끊었기에, 몰입을 위하여 다른 감각을 잠재웠기에 그러하다. '대지약우(大智若愚)'라는 말이 있다. 중국 송나라 8대 문호 중 한 사람인 소식(蘇軾)이 쓴 구절인데 "큰 지혜는 어리석음 같다"는 의미다.

"지금 하고 있는 일에 몰입하는 순간 삶이 변화된다." 시카고대

심리학과 교수인 칙센트미하이의 《몰입의 즐거움(Finding Flow)》과 서울대 재료공학부 황농문 교수가 《몰입》에서 하는 주장이다. 두 책은 모두 인생에서 몰입의 중요성을 설파하고 있다. 몰입이 일어나면 그 일이 매우 즐겁다. 학습이든 트레이닝이든 모두 그렇다.

공자도 학문에 대하여 오래전에 이렇게 말했다. "학이시습지불역열호(學而時習之不亦說乎)." "배우고 때로 익히면 이 또한 즐겁지 아니한가?"라고 묻고 있다. 듣고 보니 의문문이다. 공부란 즐거운 일인데 가끔 그런 일이 있다는 뜻이다. 억지로 하는 공부는 공부가 될 수 없다. 진짜 공부는 즐거워야 하고, 이는 놀다가 문득 알고 싶고 배우고 싶은 생각이 들 때 '가끔 하라'는 뜻이다.

몰입을 방해하는 훼방꾼은 누구일까? 첫째는 대중 매체다. TV 시청과 인터넷 검색이 가장 대표적인 적이다. 사람들은 취미생활을 할 때 몰입을 경험한다. 과제의 난이도와 실력이 알맞게 균형을 이루고 있을 때 몰입을 맛보면서 삶의 질을 끌어올리게 된다. 우리가 익히 알고 있는 위대한 천재들의 공통점은 몰입과 몰아를 통해 열정이 나타나 자기 두뇌를 100퍼센트 활용했다는 점이다. 그들을 관찰하면 탁월한 지적 재능보다는 주어진 문제를 풀려고 혼신의 노력을 기울인 몰입적 사고가 더 중요한 역할을 하고 있음을 알 수 있다. 천재와 보통 사람 간에 지적 능력의 차이는 질보다 양의 문제라는 것이다.

: 빠져들면 즐거워진다 :

《몰입의 즐거움》에서 칙센트미하이는 "일반적으로 사람들이 직장 일을 고역으로 받아들이는 데는 크게 세 가지 이유가 작용한다"고 했다. "첫째는 하나 마나 한 일을 한다는 불만이다." 누구에게도 득이 되지 못하고 사실은 해를 끼칠 가능성이 더 많은 일을 한다는 것이다. "둘째는 지겨운 일을 밥 먹듯이 되풀이해야 한다는 데서 느끼는 불만이다." 참신한 맛도 없고 도전의욕을 불러일으키지도 않는 일을 반복하면 그렇게 된다. "셋째는 직장 일이 엄청난 스트레스를 준다는 점이다." 특히 상사가 과도한 요구를 하거나 자신이 하는 일을 제대로 알아주지 않으면, 그 스트레스는 감당하기 어려운 수준으로 올라간다. 일반인의 상식과는 달리 사람이 자기 일에서 만족을 얻느냐 못 얻느냐를 결정하는 데 큰 역할을 하는 것은 보수나 안정성보다는 바로 이 세 가지 요인이다.

사소한 변화에 주목하면 위대한 발견을 낳을 수 있는 것처럼, 조금만 태도를 바꾸면 지긋지긋하고 넌더리나던 일이 빨리 하고 싶어서 안달이 날 정도로 기다려지는 환상적 활동으로 변한다. 톨스토이가 말했다. "참으로 중요한 일에 종사하고 있는 사람은 그 생활이 단순하다. 그들은 쓸데없는 일에 마음을 쓸 겨를이 없기 때문이다." 반대로 몰입이 일어나지 않는 일은 하면 할수록 스트레스만 쌓이고 도망가고 싶은 마음이 생겨 일의 능률이 오르지 않는다. 따라서 혼신열정을 일으킬 만한 목표를 찾아야 도전도 일어난다.

존 현상이라는 게 있다. 극도의 몰입에 빠져들면 우선 주변의 소리가 사라지고, 다음으로 색깔이 사라지며, 시간이 느리게 움직이는 현상이다. 주로 스포츠선수나 생명이 위험에 빠진 이들이 경험한다. 오로지 한 주제에 대해서만 생각하게 되며 쓸데없는 잡념이 비집고 들어올 틈이 없다. 우리가 반드시 이르러야 할 몰입의 경지가 바로 이것이다.

'Work Hard'에서 'Think Hard'의 패러다임으로 바꾸어라. 나의 삶의 질이 달라진다. 인생에서 후회를 장작에 비유하자면, 100퍼센트 타서 재가 되어 없어지는 것이 아니라 5퍼센트만 타고 95퍼센트가 타지 않은 채 폐기되는 것에 대한 두려움이라 할 수 있다. 따라서 'Think hard'가 필요하다. 《몰입》에서는 이렇게 말했다. "열심히 일하면 남들보다 2배 이상 잘하기도 힘들지만 열심히 생각하면 남보다 10배, 100배 아니 1,000배까지도 잘할 수 있다."

: 꿈으로 가져가라 :

혼신열정가의 공통점은 꿈에서도 몰입이 계속된다는 것이다. 한창 영어회화에 몰입할 때 나는 꿈에서도 영어로 회화를 하는 꿈을 자주 꾸었다. 나를 가르치던 영어 회화 선생님은 자신도 영어회화 때문에 몸부림칠 때 꿈에서 상당히 많이 배웠다는 이야기를 했었다. 그러면서 꿈에서 영어가 된다면 영어회화를 잘할 수 있는 시기가 임박했다는 것이다. 서양 속담에 'Sleep on the problem'이라는 말이 있다. 중대한 문제가 있을 때 잘 풀리지 않으면 잠을 잘 때 그 문제를 생각하라는 뜻이다. 당신이 잠든 사이에 문제는 풀린다.

모든 동물은 잠을 잔다. 그렇다면 수면의 역할은 무엇인가? 현재 뇌과학에서 가장 유력한 학설은 밤에 수면을 취하는 동안 낮에 경험한 것을 학습하는 것이라고 한다. 수면 중에는 낮에 경험한 것을 해마에서 재정리하고 통합한다. 몰입적 사고의 위력은 수면 상태에서 고도로 활성화된 장기기억을 활용한다는 데 있다. 역사적으로 위대한 과학적 발견은 우연한 영감으로 이루어진 경우가 많다. 창의성을 연구하는 사람들 역시 '세렌디피티(serendipity)'가 창의성의 중요한 특징이라고 말한다. 세렌디피티란 위대한 발견을 이끄는 핵심적인 아이디어는 통상 우연히 떠오른다는 개념을 정의하기 위해 생겨난 단어다. 많은 위대한 발견이 운 좋게도 한순간의 생각이나 영감으로 얻어졌다는 얘기다.

아인슈타인은 머리맡에 늘 펜과 노트를 두고 자는 습관이 있었다. 중요한 아이디어는 대부분 수면 중에 얻어지기 때문이다. 아이디어가 떠오른 순간은 우연처럼 느껴지지만 몰입적인 사고를 한 사람에게만 일어나는 필연적인 결과다.

18

행복하라

: 몰입이 주는 행복감 :

"知之者, 不如好之者 好之者, 不如樂之者." 천재는 노력하는 사람을 이길 수 없고, 노력하는 사람은 즐기는 사람을 이길 수 없다는 뜻의《논어》옹야(雍也)편에 나오는 말이다.

낚시꾼과 낚시광이 다르고 아마추어와 프로가 다르듯 꾼과 광은 다르다. 일가를 이룬 사람들의 공통점은 그 일을 즐긴다는 것, 즉 그 일을 함으로써 행복하다는 것이다. 몰입이 주는 가장 큰 즐거움은 행복감을 느끼게 한다는 것이다. 이는 도파민과 세로토닌이 머리와 가슴을 뻐근하게 만들어주기 때문이다. 몰입에 빠져드는 매 순간이 감격으로 채워지고 가슴 깊은 곳에서 뭐라 설명하기 어려운 고요한 행복감이 밀려온다. 모든 사람이 이 가슴 뿌듯한 무엇인가를 얻기 위해 오늘도 달리고 있다. 이시형 박사는 《세로토닌 하라》라는 독특한 제목의 책에서 이 가슴 뿌듯한 행복의 비밀을 가르쳐주고 있다.

《세로토닌 하라》는 세로토닌에 대한 과학적 설명보다는 세로토닌을 통한 정신건강에 더 많은 지면을 할애하고 있다. 캐롤 하트의 세로토닌 이야기를 한국적 실정에 맞게 응용시킨 것이다. 이 박사의 말에 따르면 세로토닌은 뇌에서 분비되는 신경전달물질 중의 하나로 오케스트라를 지휘하는 지휘자로 비유되는 호르몬이다. '혈액(sero)에서 분리한 활성물질(tonin)'이란 의미를 가지고 있다. 그런데 "세로토닌이 충분히 만들어지면 그 사람은 평안하고, 집중력을 발휘하고, 생활에 활력이 생긴다. 반면, 뇌에서 세로토닌이 제대로 만들어지지 못하거나, 만들어지더라도 뇌에서 빨리 없어지면 장애가 발생한다. 불안해하고 걱정하는 일이 오래 지속되면 세로토닌 대신 스트레스를 유발하는 호르몬만 활발하게 분비된다. 세로토닌이 분비될 필요가 없어지면 나중에는 아예 세로토닌 생산 유전자가 녹슬어버린다." 이것이 바로 우울증이란다.

현대 의학은 우울증의 가장 중요한 원인으로 세로토닌 부족을 지목하고 있다. 그렇다면 세로토닌만 잘 분비된다면 우울증은 자가 치료된다는 말이다.

이시형 박사는 세로토닌의 기능을 세 가지로 압축해서 설명한다. 조절호르몬, 공부호르몬, 행복호르몬이다. 나 자신을 보아도 행복감이 충만해지면 아무리 어려운 문제도 해결할 수 있을 것 같은 믿음이 생긴다. 예수님도 염려하지 말라고 여러 번 당부하셨다. 염려가 문제 자체를 어렵게 보도록 하기 때문이다. 반면 한 번이라도 이러한 문제를 이겨내버리면 즐거움이 넘치게 되고 더 깊은 문제라도 이겨낼 수 있을 것 같은 확신이 들어 문제를 즐기게 된다. 몇 번 이런 경험을 거치면 인생의 가치관이 바뀐다.

그뿐 아니라 이러한 생각과 가치관의 변화는 일시적인 효과로 끝나지 않고 남은 인생을 보다 성공적이고 의미 있는 삶으로 이끄는 원동력 역할을 한다. 그래서 몰입 상태가 계속된다. 또 이 쾌감은 점점 더 증폭되고, 평소에는 도저히 생각하기 힘든 아이디어가 빈번히 떠오른다. 몰입에 들어가기만 하면 열정에 불을 붙이는 것과 같은 효과가 나타난다. 고도의 몰입 상태에서 느끼는 감정은 바로 사랑하는 연인들의 감정과 비슷하다. 뉴턴처럼 사과가 떨어지는 것을 보고 달도 떨어질 수 있다는 상상을 하게 된다. 그 문제에 오랫동안 몰입했기 때문이다.

저자들의 말을 종합하면, 몰입은 적어도 사흘 이상 일상의 모든 것을 잊고 오로지 풀어야 할 문제만을 생각해야 들어갈 수 있는 고도의 정신 활동이다. 가장 중요한 습관을 바꾸고 새로운 습관을 만드는 데 필요한 시간은 21일이다. 왜 21일이냐면 우리의 생체리듬이 그 주기로 바뀌기 때문이다. 그러므로 지금 해야 하는 일, 해야 하는 공부를 세상에서 가장 숭고한 목표로 만들어 21일을 목표로 도전해야 한다. 그 도전을 향해 사흘씩 끊어서 몰입에 도전하면 알 수 없는 뜨거운 희열이 나타나 계속 그 일을 하고 싶은 열망이 이어진다. 이렇게 1년이 지나고 10년이 지나면 어느새 나도 달인이 되어 있을 것이다. 이것이 혼신열정의 모습이다.

: 우리 몸은 목적을 원한다 :

목적지향은 동물의 본질이다. 그중에서도 사람이 가장 목적지향적(目的指向的)이다. 어떻게 보면 목적이 나타나지 않으면 전혀 움직이지 못하는 존재가 사람이기도 하다. 따라서 인간은 어떤 행동을 하더라도 거기에 이유가 있어야 자발적이 된다. 목적이 몰입을 만들어내는 준비단계인 것이다. 그리고 산만한 상태에서 서서히 높은 집중도로 가게 된다. 이것은 저절로 이루어질 수 없고 반드시 어떤 힘이 작용해야 한다. 그 힘은 기대감, 즐거움 혹은 쾌락과 같은 긍정적인 보상이나 위기감, 불쾌감 혹은 고통 같은 부정적인 보상이다. 이것이 몰입에 들어가기 위한 필수 요소다.

일상에서 경험할 수 있는 또 다른 형태의 몰입은 위기 상황에 처했을 때 다가온다. 나에게 위기 상황은 원고가 밀릴 때다. 대체로 원고 청탁을 받으면 한두 달은 느긋하게 지낸다. 그런데 출판사로부터 독촉이 오고 여기저기서 아우성을 쳐대면 이틀 만에 원고를 마무리할 때도 있다. 위기 상황으로 말미암은 이러한 몰입은 수동적인 몰입이다. 이 수동적인 몰입을 능동적인 몰입으로 전환하는 방법이 꿈과 열정이다. 그리고 천천히 생각하며 한발 한발 다가가는 노력을 하는 것이다.

흔히 자전거 타는 법은 한번 배워두면 도중에 그만두어도 죽을 때까지 잊히지 않는다고 말한다. 그것은 끊임없는 연습과 넘어지고 무릎이 까지는 등의 과정을 통해 뇌에 완전히 각인되었기 때문이다.

시냅스는 뇌가 형성될 때 이미 만들어지며, 네 살 때 가장 많은 시냅스가 형성된다. 그런데 이 시냅스들은 아무런 자극을 받지 않거나 사용되지 않으면 자동 소멸한다. 자극을 받지 않는다는 것은 우리의 생활 속에 그러한 자극이 없다는 것이고, 그 부위에 해당하는 뇌세포는 삶을 영위하는 데 기여하지 않기 때문에 소멸하는 것이다.

뇌에서 정보를 처리하는 데는 프로세스가 있다. 첫 번째는 관찰과 상상, 두 번째는 추상과 패턴을 이해하기, 세 번째는 유추와 변형, 네 번째는 놀이와 체득을 통한 통합이다. 따라서 뇌를 성장시키기 위해서 안주해서는 안 된다. 쓰지 않는 근육처럼 쓰지 않는 시냅스는 퇴화한다. 또 늘 같은 패턴으로 이루어지는 일상만이 존재하는 사람도 시냅스가 약화된다. 의미 없는 반복적 패턴은 뇌를 건강하게 자극하지 못하기 때문이다. 따라서 나이에 상관없이 꾸준한 운동과 적절한 영양섭취뿐 아니라 새로운 것을 탐구하고 배우는 것이 중요하다.

성경은 말세에 인간에게 부어질 놀라운 한 축복을 선포하고 있다. "말세에 내 남종과 여종에게 성령을 한없이 부어주리니 자녀들이 장래 일을 말할 것이며(prophesy) 너희 늙은이는 꿈을 꾸며(dream dreams) 너희 젊은이는 이상을 볼 것(see visions)이라"고 했다. 이것은 3중의 꿈이다.

나는 이 꿈의 능력을 믿고 지금 국제학교 설립을 준비하고 있다. 이상과 꿈은 어릴 때 품을수록 좋다. 그래야 그들이 나라를 세우고 공동체를 만들며 세상을 바꿀 것이기 때문이다. 내 혼신몰입의 목적은 아이들이 장래를 말하고 꿈을 꾸며 이상을 보는 것이다.

하늘을
움직여라

훌륭한 지도자가 있으면 하늘의 심판도,

혹은 심판하실 하늘의 의도도 바꿀 수 있다.

- 예레미야 -

19

신명경영하라

: 감정은 논리에 우선한다 :

베르나르 베르베르의 소설 《뇌》를 보면 '최후비밀'이라는 말이 나온다. 인간 뇌에는 모든 쾌감을 관장하는 쾌락 중추가 있는데 그곳을 자극하면 이 세상의 무엇과도 비교할 수 없는 극도의 쾌락을 맛보게 된다. '최후비밀'은 그곳을 일컫는 말이다.

'신명'을 제대로 이해하면, 신명이야말로 한국인의 '최후비밀'이란 것을 알게 된다. 한국인의 모든 활동은 신명에 대한, 신명을 향한 욕구에서 비롯된다고 할 수 있다. 그만큼 신명이 주는 쾌감과 긍정적인 효과는 깊고 강렬하다. 신명은 한문이 아닌 순수한 우리말인데 이는 신 나고 흥이 있는 마음의 상태를 가리킨다. 굳이 한문으로 옮겨보자면 신명(神明)이다. 이는 신의 밝음에 들어간다는 뜻이다. 이것은 기독교인들이 체험하는 성령충만(聖靈充滿)의 현상과 같은 것이다. 또 다른 한문으로 풀어보자면 신명(神鳴)으로, 하나님이 내 안에서 내 몸을 의탁해서 말하거나 일하는 현상을 말한다.

따라서 우리 안에 꼭 이식되어야 할 성공 DNA 조합 중에서 신령창의의 키워드 다섯 번째 조합은 신명경영이다. 신명이란 우리 민족 고유의 신바람을 말한다. 하늘과 땅을 창조하신 하나님의 힘을 빌려 창조적이며 도전적인 일을 할 때 불가사의한 일도 일어나는 것을 말한다.

창조적 아이디어는 감흥에서 나온다. 따라서 신창개업을 꿈꾸는 모든 CEO는 조직의 기를 살려야 한다. 그래야 일이 제대로 수행된다. 보수적 조직문화에서의 낡은 리더십을 버리고 재미와 감동, 행복을 챙겨줘야 조직이 살고 성과가 높아진다. 분명한 것은 감성이 이성을 이긴다는 것이다. 한양대 최고 엔터테인먼트 과정 손대현 원장은 한 신문에 기고한 글에서 이렇게 말했다. "사람의 마음은 감각, 즉 느낌을 통해서 형성된다. 또한 창조적 아이디어는 대개 감흥에서 나온다." 요약하자면, 21세기 감성 시대의 주역은 엔터테인먼트(entertainment)다.

2012년 연말 전 세계를 열풍으로 몰아넣은 싸이의 〈강남스타일〉은 우리를 참 신명 나게 했다. 그러면 이러한 싸이의 대성공은 어떤 이유로 전 세계적인 사건이 되었을까? 여러 전문가의 다양한 분석이 등장하고 있지만 가장 두드러지는 건 역시 유튜브의 역할이 컸다는 것이다. 유튜브란 자작 동영상을 무제한으로 올릴 수 있는 공간이다. 다시 말해 끼가 있는 사람이라면 누구든지 자신의 실력을 동영상을 통해 보여줄 수 있는 무대인 것이다. 유튜브 서비스 초기만 해도 서버의 용량 때문에 오래가지 못하고 파산할 것이라는 전망도 있었다. 하지만 지금은 가장 성공한 인터넷 서비스 중 하나로 꼽히고 있다. 싸이의 〈강남스타일〉은 7월 말까지는 조회 수가 천만이 되지 않았으나 한 달도 채 안 돼서 5천만이 추가로 봤고 연말이 되자 1억을 넘었다. 이는 하루에 2백만 명 이상이 동영상을 봤다는 뜻이다.

싸이의 성공은 또 다른 현상을 낳았다. 패러디 영상이 줄을 이었다는 것이다. 이는 사람들 사이에 공감대가 형성되면 그것을 나누고 확대재생산하고자 하는 욕구가 분출됨을 보여준다.

: 신바람이 가치다 :

바야흐로 엔터테인먼트산업이 이 시대의 메가트렌드가 되었다. 과거의 경제는 부지런함을 전제로 하는 '손발 경제' 시대였다. 그때는 최고 덕목이 노동이었다. 그래서 교육에서 가장 중요시하는 덕목이 근면과 성실, 자주와 노력이었다. 농경 시대부터 최근까지 한국 사회에 만연했던 구호이기도 하다. 이 시기의 주인은 자본주의(capitalism)였다. 그러다가 21세기가 밝았다. 이때부터 소위 '브레이니즘(brainism)', 즉 '두뇌 경제' 시대가 열렸다. 이때는 학식과 지식이 가장 우선시되는 시기였다. 앨빈 토플러가 주장하는 부의 미래는 그보다 한 걸음 더 나아간다. 바로 '관심 경제(attention economy)'라고 할 수 있다. 즉 '마음의 경제' 시대다.

이 시기에는 창의력이 가장 중요하다. 하지만 창의력은 하루아침에 생길 수 있는 것이 아니다. 이것을 가능하게 하려면 어려서부터 유연한 사고를 배우고, 즐거워서 하는 엔터테인먼트가 주요 요인이 되어야 한다. 그런데 정말 다행스럽게도 엔터테인먼트는 우리의 주특기인 '신명', 즉 '신바람'과 통한다.

손대현 원장은 이렇게 말한다. "우리는 일찍이 서로 돕고 서로 유익하며 하늘과 땅과 인간(天地人)의 융합으로 공동체를 지향하는 홍익인간(弘益人間)이 국혼(國魂)이었다. 홍익인간을 현대적으로 해석하면 '최대 다수의 최대 행복'이라고 할 수 있는데, 한국적 감성의 철학인 셈이다. 한국인에게 뚜렷한 목표를 주면 신 나게 하나가 되었다. 농업·산업·정보 국가로 단 60년 만에 압축 성장했고, 축구와 한류 엔터테인먼트로 세계를 감동시켰다."

한민·한성열 공저인《신명의 심리학》에서는 또 이렇게 말한다. "2002년 월드컵, 거리에서 하나가 되었던 사람들은 서로 잘 모르는 이들이 대부분이었다. 그럼에도 신명은 그들을 하나로 만들었다. (…) 신명이 빠르게 퍼져 나가는 이유는 역사적 경험 외에도 분명 다른 기제가 존재하는 것이다. 신명 현상의 또 다른 특징은 '난장성'이다. '난장'이란 여러 사람이 이리저리 뒤섞여 마구 떠들어대거나 덤비어서 뒤죽박죽이 된 곳, 또는 그러한 현상을 일컫는 말이다. 한국인들은 아무리 즐거운 놀이라 해도 난장을 벌이지 않으면 신명이 나지 않으며, 따라서 의도적으로 난장을 벌이고 기존 질서를 무너뜨린 다음 혼돈 속에서 신명을 찾으려 한다."

서구 사람들이 지성과 약속에 따라 일하는 것을 원칙으로 한다면 한민족은 다분히 감성에 의존하는 경우가 많다. 그래서 회식문화가 발달하는 것이다. 회식이 1차에서 끝나지 않고 꼭 2차, 3차로 이어지는 것은 집단적 무의식의 합일을 느끼지 못하면 일의 흐름이 끊기기 때문이다. 회식문화의 단점도 많지만 공동체적 문화체험으로 이어지면 이는 대단한 그룹 파워로 나타나게 된다. 따라서 신명은 우리가 꼭 경험해야 할 지상에서의 해탈경험이요, 성경에서 말하는 성령과의 일치감을 말하는 것이다. 나는 이것을 신명경영이라 말하고 싶다.

: 신명의 세 가지 형태 :

첫째, 신명은 먼저 신명(神命)으로 나타나야 한다. 신명이란 나의 삶이 신의 부르심 안에 있고 그분의 섭리가 나를 도우며 있다는 것을 믿는 것이다. 한마디로 콜링(calling)이라 하겠다. 신명이란 원래 성직으로의 부르심을 뜻하지만 사실 우리는 모두 신적 부르심 가운데 있다. 그래서 모든 직업이 성직인 것이다.

신명의 두 번째는 신명(身命)을 말한다. 즉 영혼과 심혈을 동시에 기울이는 경영이다. 목숨과 몸을 바치는데 이루지 못할 일은 없다.

신명의 세 번째는 신명(神明), 즉 하나님께 하듯 해야 한다는 것이다. 원래 신명(神明)은 하늘과 땅의 신을 뜻하지만 그 원뜻은 신적인 명철을 가진다는 뜻이다. 따라서 우리는 하늘이 주시는 양심과 지혜를 따라 모든 경영을 해야 한다. 신이 나고 좋다고 하여 위법이나 탈법을 해서도 안 되고 진리가 없이 분위기에 휩쓸려 중심을 잃어서도 안 된다.

이 신명경영을 이끌어내는 힘이 섬기는 리더십이고 현대적 리더십이다.

미국 사우스웨스트항공의 허브 켈러허 전 회장은 '놀듯이 일하고 일하듯이 논다'라는 슬로건으로 세계에서 가장 즐거운 직장을 만들었다. 그는 직원과 고객 모두의 충성도를 이끌어내는 데 재미와 유머를 절묘하게 활용했다.

이를테면 이 항공사 기장의 기내 방송은 이렇다. "흡연을 원하시는 분은 비행기 날개 위에 있는 라운지를 이용하시기 바랍니다. 그곳에서는 지금 〈바람과 함께 사라지다〉가 상영되고 있습니다." 이런 방송을 들으면 어떤 승객도 웃음을 터뜨리지 않을 수 없을 것이다. 놀듯이 일하고 일하며 노는, 이 신명경영이야말로 21세기를 주름잡는 진짜 삶의 경영이 될 것이다.

20

긍정적 언어의 힘

: 미묘한 차이가 인생을 가른다 :

명품과 짝퉁에는 아주 작은 차이만 있을 뿐이다. 사람에게도 아주 작은 차이가 있다. 그런데 오늘의 이 작은 차이가 장래엔 큰 차이를 만든다. 어떤 걸음을 내딛느냐에 따라서 성공적인 인생을 사느냐, 비참한 인생을 사느냐 하는 것이 결정된다.

놀라운 것은 이 작은 차이는 언어에서 시작된다는 것이다. 내 입에서 내뱉는 언어가 어떤지 한번 점검해보자. 믿음이 담겨 있는 긍정적 언어인가, 아니면 부정적 언어인가? 부정과 긍정, 이 한 글자의 차이로 미래가 달라진다. 아침에 일어나면서 어떤 생각과 말을 먼저 하는가! 아침에 일어나면 먼저 어떤 생각이 떠오르는가? 우리의 아침을 지배하는 그 생각과 말이 하루를 지배하게 된다. 그리고 오늘의 생각이 내일을 만들어낸다.

긍정적인 말도 씨앗이고 부정적인 말도 씨앗이다. 이것은 마치 인생이라는 밭에 뿌려진 알곡 가운데 숨어 있는 피와 쭉정이 같은 것들이다. 일생을 살면서 세상이라는 밭에 우리는 알곡을 뿌리고자 하지만 동시에 피도 뿌려지고 있고 쭉정이도 자라게 된다. 부정적인 씨앗들은 긍정적인 씨앗이 자라는 걸 방해한다. 추수할 때가 되면 피와 쭉정이만 가득한 밭도 있다.

스튜어트 에이버리가 말했다. "유사 이래 처음으로, 우리는 조상으로부터 받은 유산에 의해 내 운명이 좌우되는 시대를 벗어났다."

100여 년 전만 하더라도 종의 자식은 자신의 의지와 상관없이 종이 될 수밖에 없었다. 여자라는 이유 하나 때문에 많은 차별을 받아야 하기도 했다. 하지만 그러한 제약이 있었을 때도 그것을 뛰어넘은 위대한 인물들은 많았다. 마틴 루서 킹 목사가 그러했고 헬렌 켈러가 그러했다. 한 세기 전만 해도 우리의 영웅은 정미소 집 아들, 양조장 집 아들, 최부자 집 아들이었다. 그러나 지금은 안철수, 이재웅, 박지성이 영웅이다. 이것은 부모의 그늘이 자녀의 운명에 영향을 미치지 않는 최초의 사회가 도래했음을 보여주는 획기적인 증거다.

이것을 이루는 모든 것을 한마디로 요약하면 신명경영의 철학이다. 나 자신의 힘으로 꿈을 이룰 수 있는 새로운 사회의 원동력은 내 안에 잠재된 신명을 깨우는 것이다. 이 신명경영의 비밀을 어떻게 요약할 수 있을까? 그 첫째는 믿음과 꿈이고 둘째는 사랑과 열정이다. 셋째는 인내와 소망이다. 다시 말해 믿음, 소망, 사랑 이 세 가지가 새로운 나를 만드는 결정적인 요인이 된다.

: 이미 성공한 사람을 만나라 :

신명경영 철학의 요체 첫 번째는 믿음과 꿈이다. 꿈은 열린 생각을 말한다. 이를테면 먼 그림이다. 현재로선 가능성이 1퍼센트도 안 된다. 이 1퍼센트의 믿음조차도 그냥 생기지는 않는다. 믿음이나 긍정, 신념은 진공상태에서 생기지 않는다는 말이다. in put이 있어야 out put이 있다. in put을 위해서 성공한 사람들의 이야기를 들어야 하고, 그들의 책을 읽어야 하고, 달인으로부터 배워야 한다.

앞서 성공한 사람들의 이야기를 듣고 흥분된 가슴으로 꿈을 품어야 한다. 그러려면 성공한 다른 사람의 이야기를 들어야 한다. 저자들의 강연회에 참석해야 하고 그와 인맥을 만들어야 한다. 성공한 사람들을 그냥 만나려면 힘들지만 저자 강연회나 출판기념회에 가면 반갑게 만날 수 있다. 그 자리에서 명함을 주고받으며 멘토로 삼는 것이다.

그의 성공과 꿈이 내 꿈이 되게 하려면 대략 300시간이 필요하다고 한다. 그러므로 그냥 있지 말고 성공한 사람을 만나고 배우고 계속 지도를 받을 수 있도록 아낌없이 발품을 팔자. 술 한잔 먹고, 친구들 만나 시시덕거리는 시간을 버리고 나에게 가슴이 터질 꿈을 안겨줄 멘토를 찾아 길을 떠나야 한다. 찾는 자에게 진주가 발견되며 구하는 자에게 명품이 나타난다. 두드리는 자라야 막힌 길을 뚫을 수 있다.

사랑하는 사람을 만나면 가슴이 터질 것처럼 느껴지듯이, 일생을 달려갈 꿈을 만나면 가슴은 세로토닌으로 가득 차게 된다. 그러니 그냥 있어선 안 된다. 희열이 넘치는 꿈을 잠시 가졌다고 해도 이내 식을 수 있기 때문에 그 꿈을 차고 넘치게 할 신명을 깨워야 한다. 그 신명은 내가 만드는 것이지만 그냥은 만들어지지 않는다. 성공한 사람, 일가견을 가진 사람을 찾아가 만나야 하고, 직접 들어야 한다. 그가 성공한 이면에 얼마나 많은 난관이 있었고 어떻게 극복했는지를 들어야 나도 일어설 수 있다. 나의 부정적인 생각을 사라지게 하려면 긍정적인 사람의 말을 300번쯤 내 마음의 그릇에 퍼부어야 한다.

21

무모한
도전이란 없다

: 사막에서 장미꽃을 피우다

신명경영 철학의 두 번째 핵심은 행동과 열정이다. 행동하지 못하
는 꿈, 행동하지 않는 비전은 망상에 불과하다. 따라서 성공을 위
한 다섯 번째 발걸음의 핵심인 신명은 태워도 태워도 없어지지 않
을 열정으로 무장하는 것이다.

21세기에 들어서면서 역설이게도 영적인 세계에 대한 관심이 늘
고 있다. 과학과 정보의 급속한 진보가 오히려 사람들에게 영적인

안식과 슬로 라이프(slow life)에 대한 갈구를 낳게 했다. 아이팟 신화의 전도사인 애플의 스티브 잡스가 영적 세계에 심취한 적이 있었다는 것도 이러한 현상을 반영한다.

그는 IT 분야에서 21세기의 철학자라 불릴 만큼 대단한 반향을 불러일으켰다. 그는 어떤 면에서 볼 때, 우리가 어떤 물건을 구입해야 할지 결정하는 데에만 영향을 미치는 게 아니라 우리 삶의 방식 자체를 규정하려고 했었다.

한입 깨문 사과의 로고로 알아볼 수 있는 그의 제품들은 유혹하는 사과와 같다. 설립된 지 35년이 지난 지금 애플은 더는 컴퓨터 제조회사가 아니다. 그는 인생의 마지막 순간까지, 자신은 잘 모르고 추구했지만 그가 찾고 갈구한 것은 내적인 힘, 곧 영력이었다.

네이멍구의 쿠부치 사막에는 '언거베이(恩格貝)'라는 작은 마을이 있다. 몽골어로 길상평안(吉祥平安), 즉 좋은 일 많고 평안한 곳이라는 뜻이다. 그러나 실상은 반대다. 모래태풍이 올 때마다 풀밭이 사라져버리고, 삶의 터전을 빼앗겨야 했기 때문이다. 그럴 때마다 주민들은 원망하며 그곳을 떠났다. 그곳은 원망과 슬픔과 서러움의 땅이었다.

그런데 이 삶의 터전과 평안을 빼앗는 세력에 맞선 사람이 있었다. 일본의 도야마 세이에이란 원예학과 교수였다. 77세가 되던

해, 여행을 하다 우연히 이곳에 들렀다. 너무나도 황폐한 이곳 실정을 보고 그는 무모한 도전을 감행했다. 1퍼센트는커녕 0.1퍼센트도 안 되는 미약한 힘으로 모래폭풍과 맞서고자 했다. 언거베이 마을의 토양을 연구하여 포플러 나무가 적당하다는 것을 알아내고, 1984년부터 계속하여 심기 시작했다. 산을 옮기는 도전을 시작한 것이다. 하지만 사막에 나무 심기는 밑 빠진 독에 물 붓기와 같았다. 절망감에 빠진 적이 한두 번이 아니었다. 어느 해에는 자식보다 소중하게 키워온 나무 수만 그루를 큰비가 삼켜버리기도 했다. 심으면 말라버리지만 그 자리에 심고 또 심고 하여, 결국 사막은 포플러 300만 그루의 숲으로 변화되었다. 벌거숭이일 때는 평균 온도가 70°C가 넘어 균들도 살 수 없는 땅이었다. 그런데 나무를 심어 조그마한 숲이 하나둘 늘어나자 새들이 찾아오고, 동물들도 돌아오기 시작했다. 미생물들도 생겨났다. 그렇게 만들어진 숲은 모래폭풍을 막는 보호벽이 되어 한 마을을 살아나게 했다. 목표를 붙들고 끝까지 간 결과 사막에서 장미꽃을 피워낸 것이다.

그에게 나이는 숫자에 불과했다. 그야말로 100세 청년이라 하겠다. 목적이 있는 삶, 살아야 할 가치가 있는 삶을 발견할 때 사람은 늙지도 않고 죽지도 않는다. 그것이 생명의 비밀이다.

: 환경에 지지 말라 :

지금 전 세계의 300만 어린이에게 음식을 공급하고 있는 월드비전은 한 사람의 사랑 어린 기도로부터 시작되었다. 월드 비전을 만든 밥 피어스는 사업차 한 가난한 나라로 출장을 갔다. 그 나라는 다름 아닌 6 · 25 전쟁의 소용돌이에 휩싸인 한국이었다. 그곳에서 어린이들이 줄을 서서 식량 배급을 기다리다가 굶주림에 지쳐 하나둘씩 쓰러져 죽는 것을 보았다. 그는 기도만 하고 있을 수 없었다.

당장 일을 접고 미국으로 돌아가 아이들의 식량을 마련하기 위해 기금을 모으기 시작했다. 이 일을 전문적으로 하기 위해 목사 안수까지 받았다. 그는 미국 오레곤 주에 있는 한 마을회관에서 집회를 열었다. 6 · 25전쟁 때문에 생긴 한국 고아들의 실상을 알리는 기록 영화를 보여주고 회중에게 도와줄 것을 설교했다. 이 집회에서 그 마을에 사는 한 부부가 감동을 받았다. 그 부부도 기도하기 시작했다. 그리고 며칠 후 남편이 혼자 한국으로 가서 고아들을 데리고 왔다. 여덟 명의 아이들이었다.

그들이 바로 홀트다. 이들이 씨앗이 되어 세계적인 비영리 아동구호 단체 홀트 아동복지회가 된 것이다. 그리고 월드비전은 지금 우리나라가 주축이 되어 전 세계의 가난한 아이들을 구호하고 있다.

어떤 사람은 왜 깡패가 되는가? 조폭과의 만남에서 시작된다. 어떻게 큰 그릇이 되는가? 좋은 부모와의 만남에서 시작된다. 어떻게 거목이 되는가? 좋은 스승과의 만남에서 시작된다. 만남이 중요하다. 정말로 중요하다. 누구를 만나며 무엇을 보느냐에 따라 우리의 뇌에 새겨지는 그림이 달라지기 때문이다. 그래서 믿음과 비전은 동의어라고 할 수 있다.

앤서니 라빈스의 《네 안에 잠든 거인을 깨워라》에 보면 이런 글이 나온다. "운명을 결정짓는 것은 환경이 아니다. 운명은 인생에서 벌어지는 사건이 문제가 아니고, 그 사건을 어떻게 해석하는가에 달린 것이다."

나는 성공이라고는 입에 담을 수는 없는 환경에서 자랐다. 초등학교 4학년 때부터 병석에 누우신 아버지를 대신해 생계를 도와야 했다. 길거리로 나가 신문을 팔고 껌팔이와 구두닦이를 해야 겨우 입에 풀칠을 할 수 있었다. 더더구나 스무 살 되던 해에는 어머니마저 중풍이 들었다. 더는 떨어질 나락이 없었다. 집에 불을 지르고 자살하려던 날 밤, 나는 이상한 새벽종 소리를 들었다. 그것이 환청이었는지 아니면 새벽기도를 알리는 어느 교회의 종소리였는지는 모르겠지만 결국 나는 죽기보다는 믿음을 택했다. 그로부터 40년이 흘렀고 온 가족 동반자살을 기도했던 그 청년은 10여 권의 베스트셀러를 쓴 작가이자 비전메이커가 되었다. 환경이 사람을 무너뜨리는 것이 아니라 마음속의 생각이 우리를 지옥으로 끌고 가는 것이다.

한반도의 지도를 거꾸로 놓고 보면 우리에게 바다는 장애가 아니라 세계로 나아가는 창이 된다. 1퍼센트의 믿음을 가지고 관점을 바꾸고 생각의 방향을 뒤집으면, 한국은 위기가 아니라 기회의 땅이다. 우리가 어떤 믿음과 비전을 품고 사느냐에 인생 수준이 결정된다.

눈을 감은 사람은 손이 미치는 곳까지가 그의 세계요, 무지한 사람은 그가 아는 것까지가 그의 세계요, 위대한 사람은 그의 비전이 미치는 곳까지가 그의 세계다. 꿈 너머 꿈을 꾸어야 원대한 인생을 살 수 있다.

22

하늘을
움직이는 신명으로

: 가슴 뛰게 할 그 무엇을 품어라 :

중소기업이든 대기업이든 고객만족을 말로만 하거나 건성으로 해
서는 안 된다. 한국석탄공사 조관일 사장은 NAPO라는 신조어를
만들었다. "No Action Placard Only." 즉, 행동은 없고 플래카드
만 요란하지 말라는 것이다. 만약 우리가 고객을 만족시켜야 장사
가 잘된다면 목숨을 걸고 덤벼들어야 한다. 방송에 나온 집이라고
플래카드 붙여놓은 집치고 맛있는 집 별로 없다. 왜냐면 플래카드

에 연연하기 때문이다. 매운탕집을 하든 옷가게를 하든 어떻게 고객을 만족시킬지 진심으로 연구해야 한다. 앤서니 라빈스도 말했다. "사람들은 게으르지 않다. 다만 무기력한 목표를 갖고 있을 뿐이다. 영감을 부여하지 않는 그런 목표들뿐이다."

나는 당신에게 권하고 싶은 것이 있다. 그것은 책을 쓰라는 것이다. 나는 지금까지 100여 권의 원고를 썼다. 책을 쓰는 것은 내 평생의 업이라고 생각한다.

조관일 사장은 이렇게 충고한다. "자기 분야에 대한 글, 스스로 활용할 수 있는 글을 쓰면 스트레스보다 재미가 생긴다. 그리고 자기 업무에 대한 이론무장이 된다. 책을 쓰면 몸값이 올라가 전문가 대우를 받을 수 있다. 운 좋게 베스트셀러가 되면 주머니도 두둑해진다. 쓰다가 실패하더라도 거기까지 이론무장이 되니 자기에게 도움이 된다."

직장인이 잘해야 할 두 가지가 무엇이냐면 인맥 네트워크를 잘 형성하는 것과 책을 쓰는 것이다. 베스트셀러를 꿈꾸면서 대작을 쓴다는 기분으로 하루하루 한 줄이라도 쓰면 인생이 달라진다. 꿈이 있는 사람, 거룩한 목표가 있는 사람은 책을 쓰지 않을 수 없다. 나의 지식을 사람들과 나누고 싶기 때문이다.

성공을 이루기까지 있어야 할 신명철학의 세 번째 핵심은 인내와 소망이다. 신명은 몰입을 경험하는 것이자 소명을 기억하는 것이지만 그 어떤 꿈도 인내라는 주전자와 소망이라는 난로가 없이는 익지 않는다. 한문에서 신명(神明)은 천지를 주관하는 조물주를 의미한다. 다시 말해 하늘을 감동시키는 작업을 뜻한다.

함영준 씨의 저서 중《나의 심장은 코리아로 벅차오른다》라는 제목의 책이 있다. 한국의 발전을 위한 방안 및 한국인으로 태어난 게 자랑스러운 열 가지 이유 등을 적어나간 책이다. 중국은 50여 개 소수 민족으로 이루어진 나라로 세계에서 가장 인구가 많은 14억을 자랑하고 있다. 이에 비해 유대인은 전 세계 인구의 0.2퍼센트인 1,200만 정도밖에 되지 않는다. 그런데 미국의 부에서 큰 비중을 차지하는 건 중국인이 아니라 유대인이다. 자그마치 17퍼센트를 유대인이 차지하고 있다. 그런데 세계적으로 부지런한 그들을 미국 유통업에서 밀어낸 민족이 한국 민족이다. 우리 민족에겐 끈기와 저력이 있다. 지난 50년 사이에 산업화와 민주화를 동시에 이루어냈다. 홍콩, 싱가포르, 대만이 같은 시기 비슷한 성장을 했지만 그들은 나라라기보다는 도시 정도의 개념이다. 한국은 작지만 대륙을 경영했던 경험이 있는 나라다.

함영준 씨는 말한다. "한국인의 DNA 속에 수천 년 동안 성공할 수 있는 필수 성공 핵이 들어 있었던 것이다. 당태종이 안시성에서 쏜 화살에 눈을 맞았다. 어찌하여 황제가 전쟁터에서 화살을 맞았던 걸까? 이는 고구려의 뛰어난 철궁, 철궁의 뛰어난 기술 덕분이다. 철궁을 만들던 DNA는 제철기술로(포스코), 활을 잘 쏘는 활궁 기술은 양궁으로 승화시킨 것이다. 백제의 조선술과 신라 장보고의 항해술 그리고 최초로 배에 화포를 장착한 이 놀라운 배 만들던 DNA는 조선업으로 세계 최고로 우뚝 서게 된 것이다.”

그의 말마따나 한국인은 여러 분야에서 뛰어난 민족이었고, 정보통신 분야에서도 독보적인 경쟁력을 보유하고 있다. 예컨대 봉화는 디지털 신호의 원조라 할 것이다. 1961년 TV 방송이 첫 전파를 송출할 당시 전국에 중계탑을 세워야 했다. 그러나 당시 국내에는 무선통신 기술자가 없어서 중계탑을 어디에 어떻게 세워야 할지 알 수가 없었다. 그래서 일본 기술진을 불러 양국 기술자 회의가 열렸는데, 일본 기술진이 내놓은 것은 우리나라 봉수대 지도였다. 일제가 약탈해간 우리 문화재였다.

봉수대는 높은 산정에 대를 설치하고 밤에는 횃불, 낮에는 연기로 변경의 정세를 중앙에 급히 전달하는 군사통신 조직이다. 동서남북 어느 변경의 봉수대에서 올린 봉화든지 약 12시간이면 서울에 도착하는 것이 원칙이었다. 이러한 디지털 마인드가 있었기에 IT 강국이 될 수 있었던 것이다.

: 미치면 이룰 수 있다 :

마지막 세 번째 신명(身命)은 '끝없는 도전'이다. 신명의 뜻을 품고 생명을 걸고 도전하는 사람은 그 어떤 장애물로도 결코 멈추게 할 수 없다. 신명경영의 철학은 'voluntary willingly(자발적으로 의욕적으로)' 일할 수 있는 환경을 만들어주는 것이다. 이를 위한 신명경영자의 비밀 병기는 비전이다.

신명을 다하는 집중력과 인내심은 학교 졸업 이후의 성공을 결정하는 데 매우 중요한 요인이다. 돈이나 집안 걱정 없이 자기 전문 분야에 매진하는 사람과 매일 이런저런 고민으로 방황하고 있는 사람을 생각해보자. 5년간만 이런 패턴이 계속되면 두 사람의 차이는 엄청나게 벌어질 것이다. 학교 다닐 때 뛰어났던 사람도 세월이 지나면서 이러저러하게 세파에 시달리다 보면 능력이 현저히 떨어지게 되는데, 바로 집중력 때문이다. 하지만 학창 시절에는 별 볼 일 없던 사람도 어느 순간 마음을 먹고 자신이 하고 싶은 분야에 매진하기 시작하면 누구도 예상치 못했던 성과를 낼 수 있다. 이 역시 신명(神明) 때문이다.

꽤 오래전 슈테판 츠바이크의 《광기와 우연의 역사》를 읽었다. '광기와 우연'이라니 어떻게 보면 기이하기까지 한 제목이다. 하지만 조금만 음미하면 꽤 재미있는 제목이라는 생각이 들 것이다. 여기서 광(狂)이란 미친다는 뜻이다. 그리고 우연이란 관찰자의 입장에서 볼 때나 우연이지 개척자나 발명자 입장에선 신명의 결과다. 정민의 《미쳐야 미친다》에서 보듯 미치지 않으면 이르지 않는다. 한마디로 말해 성공자는 남들이 보기엔 우연이랄 수밖에 없는 놀랍고도 불가사의한 일을 만들며 남들이 도저히 미칠 수 없는 경지에까지 이른 사람임을 깨우쳐준다.

《광기와 우연의 역사》에는 프레드릭 기스본의 이야기도 나온다. 인간의 통신수단은 초기의 연기 신호를 시작으로 봉화, 마라톤 주자, 북(drum), 전서구(carrier pigeon) 등으로 발전해왔다. 그다음이 전신(telegraph)이다. 19세기에 발명된 전신은 전깃줄만 연결되면 원거리 통화를 가능케 해주는 것으로 지구가 하나로 연결되기 위해선 필수적인 장치였다. 문제는 케이블을 놓는 것인데 이때 등장하는 인물이 프레드릭 기스본이다.

1824년 영국에서 태어나 캐나다로 이민한 그는 1852년 뉴펀들랜드 전력전신회사의 사장으로 뉴브런즈윅과 프린스 에드워드 아일랜드 주를 연결하는 북미 최초의 수중 전신케이블을 설치했다. 그는 이번에는 대서양을 통해 미국과 유럽을 연결하는 케이블을 깔 계획을 세웠다.

당시까지만 하더라도 인간은 속도를 돛을 단 배의 빠르기를 속도의 기준으로 삼았다. 그런 시대에 빛의 속도로 정보가 전달되기를 바란다는 것은 정말 꿈같은 이야기였다. 누군가 대서양 해저에 전화를 연결할 케이블을 깔면 좋겠다고 생각은 했을 것이다. 하지만 대서양이나 태평양은 둘 다 엄청나게 넓으니 어떻게 단 한 줄의 전선으로 연결할 수 있겠는가? 하물며 바다의 깊이도 아직 측정되지 않았던 시기였다. 게다가 그토록 깊은 곳에 던져진 전선이 엄청난 수압을 견뎌낼 수 있을지도 불투명했다. 그리고 그것들이 기술적으로 모두 가능하다고 하더라도 3,200킬로미터가 넘는 철과 구리로 된 전선을 실을 수 있는 큰 배가 대체 어디 있었겠는가? 그러나 그 시대에도 모두가 불가능하다고 믿는 일을 오직 긍정적인 생각으로 도전한 사람이 있다. 바로 프레드릭 기스본이다. 어떻게 그럴 수 있었을까? 신명경영이 아니고서는 도저히 이해할 수 없는 일이다.

기스본은 중간에 돈이 바닥나는 바람에 일을 중지해야만 했다. 네 번이나 실패했다. 돈 있는 사람들을 찾아보기 위해서 몇 번이나 뉴욕으로 다시 돌아와야 했다.

전도서 9:11에 보면 "지혜자라고 식물을 얻는 것이 아니며 명철자라고 재물을 얻는 것이 아니며 기능자라고 은총을 입는 것이 아니니 이는 시기와 우연이 이 모든 자에게 임함이라"라고 되어 있다.

하지만 우연이라고 하기에는 너무나도 필연적인 섭리가 있다. 이 섭리는 신명을 다하는 자에게 나타나는 하나님의 아우라다. 우연인지 광기 때문인지 드디어 투자자를 만났다. 미국의 백만장자 사이러스 필드다. 그의 후원 덕분에 대역사는 재개되었다. 하지만 문제는 케이블 자체였다. 지구상의 두 부분을 잇는 이 어마어마한 탯줄을 만들기 위해서는 이루 다 생각하기도 힘든 엄청난 일들이 요구되었다. 이 케이블은 한편으론 쇠밧줄처럼 단단해서 끊어지지 않아야 했고, 또 한편으론 설치를 쉽게 하기 위해 탄력이 있어야 했다. 모든 압력을 견디면서도 비단실처럼 매끈하게 쭉 뻗어야 했다. 즉 단단함과 정밀성을 동시에 갖춰 가장 미세한 전파라도 3,200킬로미터 이상을 전달해야 하는 것이다. 이 거대한 줄의 단한 군데서라도 식별하기 어려운 작은 틈이 생기거나 조금만 울퉁불퉁해도 전파를 전달하는 데 차질이 생길 수 있기 때문이다.

어쨌든 수많은 우여곡절 끝에 1866년 7월 28일, 지구상의 두 부분을 잇는 거대한 사업이 완성되었다. 기스본과 필드는 마침내 현대판 콜럼버스라는 칭호를 얻게 되었다. 이들의 성공은 신명경영(神明經營)의 결과다. 목숨을 다하고 최선을 다하면 예상치 못한 성공이 우리를 맞이한다.

23

하늘을
움직이는 신명으로

: 없는 재능을 탓하지 말고 가진 재능을 발견하라 :

《파블로 이야기》에는 이런 문장이 있다. "아무것도 가진 게 없는 사
람은 잃어버릴 것이 없는 대신, 모든 것을 얻을 수 있다."

따라올 수 없는 원천기술을 만든 뒤, 열정을 실으면 반드시 성공
한다. 가슴을 두근거리게 하는 일이라면, 신명을 다해 일하라. 중
요한 사실은 '해낼 수 있는 것인가'가 아니라 당신이 포기하지 않
고 '지금 그 일을 하고 있다'는 것이다.

평소에 여러 운동에 관심이 많았던 조던은 초등학교 때 야구선수로 운동을 시작했다. 열두 살 때에는 여러 야구 리그에서 팀이 우승하는 데 공헌했고, MVP까지 받았다. 그가 농구를 만나게 된 것은 고등학교 1학년 때의 일이다. 당시 그는 농구 천재가 아닌 평범한 선수에 불과했다. 키는 후에 198센티미터까지 자랐지만, 그때는 178센티미터였다. 농구선수로서는 다소 작은 편이었다. 어렸을 때엔 산만한 성격에 키가 작다는 콤플렉스도 있었지만, 이상하게도 농구는 그에게 색다른 매력을 주었다. 무엇을 할지 몰라 고민하던 조던은 농구를 자신의 평생 친구로 삼는다. 조던은 어떻게 해서든 농구선수가 되고 싶었다. 하지만 체격도, 실력도 뛰어나지 못한 그를 선수로 써주지 않아 오랜 시간 무명에 머물러야 했다.

1퍼센트도 안 되는 가능성을 붙들고 그는 생각했다. "내가 가진 것이라곤 열심밖에 없다. 다른 애들의 옷가방을 들어주는 짐꾼이라도 괜찮다. 나는 꼭 농구선수가 될 것이다."

뉴욕 브루클린 하면 슬럼가 중의 슬럼가다. 그곳에서 성공한다는 것은 개천에서 용이 나는 것보다 더 힘든 일이었다. 하지만 그는 자신의 처지를 알았기에 현실을 있는 그대로 받아들이고 오직 농구 하나에만 집중했다. 자신이 천재가 아니라고 생각했기에 계속되는 실패의 상황에서도 더욱 노력했다. 그렇게 이를 악물고 열심히 노력한 끝에 고등학교 말년이 되어 정규 선수가 됐다. 그러다가 대학교 때부터 서서히 두각을 나타내기 시작했다. 그 덕에 3학년이 됐을 때는 시카고불스에 입단할 기회가 찾아왔다. 그는 뛸 듯이 기뻤다.

졸업을 앞두고 시카고로 가야 할 때가 왔다. 하지만 비행기 표를 살 돈이 없었다. 주위의 친구들이 도와줘 비행기 표는 어찌어찌 구했지만, 이번에는 공항에서 팀이 연습하는 곳까지 갈 차비가 없었다. 현실이 어려우면 짜증도 날만 하건만 어떤 상황도 그의 열정을 꺾을 수는 없었다. 그는 당당히 택시를 잡아 세웠다.

"기사님, 저는 시카고불스에 갓 입단한 마이클 조던입니다. 팀의 연습장까지 가야 하는데, 택시비가 없습니다. 태워다 주시면, 나중에 꼭 갚겠습니다."

열 명이 넘는 택시기사에게 부탁했지만 아무도 태워주지 않았다. 이쯤 되면 누구라도 자존심이 상하고 감정이 폭발할 것이다. 하지만 그는 포기하지 않았다. 그에겐 이미 99퍼센트의 성공이 눈앞에 있었기 때문이다. 후일 성공하면 좋은 이야깃거리가 될 수 있겠다고 여유 있게 생각했다. 그때 다시 한 대의 택시가 그 앞에 섰고, 그는 또다시 같은 말을 되풀이했다. 드디어 한 사람의 천사를 만났다. 기사는 말했다. "좋아요! 앞으로 당신의 첫 번째 팬이 되어 보죠. 우리 시카고를 위해 멋진 경기를 부탁합니다."

그렇게 시카고불스에 들어간 조던은 농구계의 신화가 되었다.

당신이 갖지 않은 재능을 근심하지 말고, 이미 갖고 있는 재능을 발견하라. 반드시 당신만의 재능이 있을 것이다. 사람들이 실패하는 이유는 자기 능력을 과소평가하기 때문이다.

: 끝까지 가야 한다 :

한두 번의 좌절로 왜 주저앉으려 하는가? 우리의 창고에는 아직도 엄청나게 많은 재료가 쌓여 있다. 시간과 창의성과 열정과 신명을 다 바칠 명분이 있다면 얼마든지 기회가 있다. 중요한 것은 끝까지 놓지 않는 것이다.

마이클 핸슨은 이야기한다. "생각은 행동을 낳고 행동은 인내를 요구한다. 신명을 다한 끈질긴 열정만이 내가 바라는 결과를 안겨 준다."

화가인 조지아 오키프는 이렇게 말했다. "끈기의 비결은 시간과 참을성에 있다." 한 문제에 집중하라. 반드시 그곳에 해답이 있다. 기억하기 바란다.

《굿바이 슬픔》에서 그랜저 웨스트버그도 말했다. "가장 빛나는 별은 아직 발견되지 않은 별이고, 당신 인생 최고의 날은 아직 살지 않은 날들이다. 스스로에게 길을 묻고 스스로 길을 찾으라. 꿈을 찾는 것은 당신, 그 꿈으로 향한 길을 걸어가는 것은 당신의 두

다리. 새로운 날들의 주인은 바로 당신 자신이다."

여행지에서 감기에 걸리는 사람은 없는 법이다. 집에 돌아와 긴장이 풀려 걸리는 것이다. 언젠가 중국 선교 여행을 다닐 때 한겨울에 하얼빈을 갔었는데 영하 32℃도였다. 살다 처음 만난 추위였다. 소변을 보면 그 자리에서 언다고 하기에 거짓인 줄 알았는데 정말 그랬다. 입김이 곧바로 콧수염에서 얼어버렸다. 그런데도 살아남았다. 하지만 정작 영하 3℃도 되지 않는 우리나라에 돌아와서는 보름 동안 감기 몸살로 앓아눕고 말았다. 긴장이 풀렸기 때문이다.

사장과 직원, 주인과 종의 차이가 무엇인가? 긴장하는 정도의 차이다. 회사가 망하든 말든 별반 신경을 쓰지 않는 직원과 모든 것이 달려 있는 주인은 다르다. 그래서 회사는 회사에 득이 되는 직원과 손해가 되는 직원을 항상 분리해서 관리한다.

신명경영의 시작은 '신적 소명의 꿈'이고 둘째는 혼신의 '행동'이다. 꼭 이루고 싶은 뚜렷한 목표가 있으면 부족한 자신의 실력을 키우고 자신의 진정한 능력을 발휘하게 된다. 〈은하철도 999〉를 그린 일본의 대표적인 애니메이션 작가 마쓰모토 레이지. 그는 그림에 재능이 있었지만 책을 내자고 제안하는 출판사가 없었다. 그의 꿈은 언제나 옥탑방에 갇혀 있었다. 그런 마쓰모토에게 어느 날 기회가 찾아온다. 도쿄에 있는 출판사가 책을 내자며 연락을 해온 것이다. 마쓰모토는 당장 도쿄로 달려간다. 당시에는 빠른 열차가 없어 장시간 여행을 하게 되었는데, 하루를 꼬박 가야 했다. 침대칸도 아닌 3등 칸 야간열차 안에서 공상을 하다 떠오른 인물이 바로 〈은하철도 999〉의 미녀 메텔이었다.

그 외에도 여러 사례가 있다. 〈오라토리오 메시아〉를 작곡한 헨델은 21일 동안 식음을 전폐하고 단숨에 그 곡을 써 내려갔다. 디즈니가 미키마우스를 자신의 캐릭터로 만들게 된 것은 짧은 순간 아내가 던져준 한마디 말 때문이었다. 도스토예프스키의 《죄와 벌》은 단 몇 달 만에 쓰였다. 이렇듯 1퍼센트의 꿈을 100퍼센트로 만든 것은 절대로 놓지 않고 끝까지 붙들었기 때문이다.

한 흑인 소년이 있었다. 오두막에서 열 명의 형제와 함께 자랐다. 삶은 고되었고, 가난은 끝이 없었다. 하지만 그의 아버지는 꿈과 신념을 지닌 사람이었다. 그래서 어려운 가운데서도 자녀에게 축복의 원리를 가르쳤다. 항상 "대접을 받고 싶거든 대접을 하라"고 했다. 그가 고등학교를 졸업할 때, 그의 학교 코치는 그를 노스캐롤라이나의 한 대학교 코치에게 보냈다. 가난한 흑인 소년으로 하여금 체육 특기 장학금을 받고 공부할 길을 터주기 위해서였다. 그래서 먼 길을 떠났다.

그런데 빈자리가 없었다. 도착했을 때는 이미 선발이 끝나버렸기 때문이다. 하지만 그에겐 돌아갈 차비도 없었다. 기숙사에서 학생들이 훈련하러 나간 사이 잠깐 기다리면서 방 청소를 하고 그들의 옷을 정리했다. 감동한 것은 코치만이 아니었다. 코치는 그에게 식권을 주었고 며칠 묵으면서 쉬어가도록 배려해주었다. 그 며칠 사이에도 소년은 조금도 쉬지 않았다. 무거운 장비를 나르며 힘든 일을 도맡아 했다. 그러는 동안 부상 선수가 생겼다. 코치는 대신 뛰어보라고 했다. 그는 발군의 실력을 보였고 결국 그 대학을 졸업했다. 그의 고향에서는 처음으로 대학을 졸업한 사람이 된 것이다.

그런데 졸업하고 변호사가 되었지만 아무도 흑인에게 변호를 부탁하지 않았다. 그는 낙심하지 않았고 가난한 사람들을 위해서 무료 변론을 맡았다. 서서히 물이 끓어오르듯 점점 많은 사람이 그를 알게 됐다. 그리고 마침내 그는 미국 최대의 법률회사를 이끌며 법조계에서 가장 많은 세금을 내는 사람이 되었다. 마지막 1˚C까지 포기하지 않고 다른 차원으로 건너간, 그의 이름은 윌리 게리다.

공감하고
설득하라

"리더는 사람들을 위에서 아래로 지시하는 것이 아니라

아래에서 위로 가는 흐름이어야 한다."

- 타르야 할로넨 -

24

신령교감하라

: 생각의 온도를 높여라 :

뛰어난 창의성을 가진 제품이라도 공감을 이끌어내지 못하면 사람
들의 행동을 일으키지 못한다. 따라서 나의 원천기술을 많은 사람
이 공감하도록 만들어야 그다음 성공으로 이어진다. 같은 생각이
한 명 두 명 모이면 그 전파력은 점점 더 커져서 하나의 트렌드를
만들고 시대를 움직이며 역사를 바꾸는 대하가 되는 것이다. 하늘
이 낸 성공을 꿈꾼다면 신령교감(神靈交感)해야만 한다.

공감은 상대방 마음의 초점을 찾아 맞추는 것이다. 앞서 얘기한 웅진의 윤석금 회장은 그가 처음 렌탈사업에 뛰어들어 실패한 원인을 단순히 빌려주기만 하고 사후관리를 하지 않았기 때문이라고 판단했다. 이것은 소비자들의 아픔과 고통을 이해한 경영이었다.

자! 그러면 누가 공감경영의 대가가 될 수 있을까? 나는 아픔을 겪은 사람만이 공감경영을 할 수 있다고 생각한다. 자신에게 주어진 이 뼈아픈 현실이 핵을 만들기 위한 시련이며 하늘의 뜻이 있을 것이라고 믿는 사람만이 역경도 이기고 공감을 배우게 되는 것이라고 말이다.

공감의 핵심은 동병상련(同病相憐)의 마음이다. 혹독한 병을 겪어 본 사람은 같은 병을 앓는 사람을 기가 막히게 알아낸다. 같은 병에는 같은 증상과 같은 아픔이 있기 때문이다. 그래서 상련이 일어나고, 이 상련의 마음이 동조를 일으킨다. 마음은 파장이다. 영어로는 'sympathy'라고 한다. 같은 파장의 마음을 가진다는 뜻이다. 그러므로 마음이 서로 같은 파장과 떨림이 있다는 것이다. 이 마음의 파장이 물건이나 책, 예술작품을 통하여 전달될 때 이미 치유받은 사람의 치유능력이 전달된다. 고난이나 고통을 먼저 겪는 사람은 훗날 고통을 겪는 사람의 선지자이며, 안내자이자 치유자인 것이다.

: 스토리를 만들어라 :

혼신과 진정성이 있으면 다른 사람과의 공감을 만들고 소통도 이끌어낸다. 공감에는 인종이 중요하지 않고 종교가 중요하지 않다. 언어가 잘 통하지 않아도 서로 불쌍히 여기고 알아주며 서로의 마음과 마음이 열리면 전혀 다른 차원의 기적이 일어난다. 아름다운 이야기는 공감의 관문이다. 혼신의 힘을 다해 사랑한 이야기는 우주를 지탱하는 핵이다. 그래서 스토리 마케팅이 중요한 것이다.

그렇다면 잘 만든 영화, 인기 있고 흥행에 성공하는 영화의 스토리는 어떤 것일까? 한 전문기관에서 좋은 영화, 오래 기억에 남는 영화에 대해 설문조사를 했다. 스토리 마케팅에서 가장 중요한 스토리의 내용에 대한 설문이었다. 그런데 역시 가장 많은 사람의 지지를 받은 스토리의 주제는 '사랑'이었다. 약 56퍼센트가 사랑 이야기야말로 가장 강력하다고 답했다. 그런데 사랑 이야기 중에서도 이루어지지 않은 사랑 이야기가 구매 효과가 더 높다. 누구나 그런 추억 한두 개쯤은 가지고 있기 때문이다. 따라서 이제는 그냥 제품을 만들어서는 안 되고 이루어지지 않은 〈겨울 소나타〉의 사랑으로 만든 세안수, 〈가을동화〉의 피다 만 〈국화꽃 향기〉를 담은 차, 〈킬리만자로〉의 커피를 파는 카페를 만들어야 한다. 〈주몽〉의 촬영지와 〈제빵왕 김탁구〉의 빵집으로 개천에서 용이 나는 이야기의 공감아이콘을 생산해야 한류가 되고 태풍도 만들어지는 것이다. 공감을 이루고 소통을 엮어내는 스토리를 만드는 능력이 21세기의 '새로운 부'가 된다는 앨빈 토플러의 예언이 벌써 현실화되고 있다.

당신 이야기의 가치는 얼마나 될까? 평탄한 길만 골라 다니고 자동차를 타고 전국일주를 한 사람에게는 이야깃거리가 없다. 누가 그렇게 편안하게 살다 죽은 사람의 이야기에 귀를 기울이겠는가? 여행길에 강도도 만나고 모진 비바람에 고생도 하며 때론 죽음의 공포까지 힘겹게 이기고 온 이야기라야 가치가 있는 것이다.

누구에게나 인생은 한 편의 소설과 같다. 그래서 어떤 작가는 "천국은 도서관으로 꾸며진 서재"와 같은 곳이라고 말하기도 했다. 일생을 살아온 수많은 이야기가 한 권의 책이 되어 천국의 서가에 꽂혀 있는 것이다. 자, 그렇다면 당신의 이야기는 얼마나 많은 천국 시민들에게 읽히게 될까? 혼신의 힘을 다해 열정으로 살았던 당신의 이야기는 얼마의 가치로 인정받게 될까?

: 스토리의 가치를 높여라 :

앨빈 토플러가 말한 '미래의 부'는 '이야기 콘텐츠'를 가리킨다. 앨빈 토플러의 예언은 이제 학문과 비즈니스 분야의 떠오르는 별이 되었다. 창조적 1인 기업뿐 아니라 거대 기업조차도 이제는 중세의 마술적 점술로부터 벗어났다. 정밀한 통계와 정확한 판단을 결합함으로써 국가 기관이나 기업의 전략 결정 과정에 이론적 틀을 제공하고 있다.

이 분야에서 세계적인 권위를 가진 곳은 코펜하겐미래학연구소(CIFS)다. 이곳 책임자이자 《드림 소사이어티(Dream Society)》의 저자인 롤프 옌센이 미래 사회를 '이야기와 감성이 지배하는 사회'라고 예견한 게 불과 10년 전의 일이다. 2007년에 우리나라에서도 글로벌 문화포럼이 열린 적이 있었다. 국립중앙박물관 대강당에서 개최된 이 포럼에서 롤프 옌센이 기조연설을 했었다.

그의 슬라이드는 이렇게 시작했다.

"Some people create the future.

Other people study what happens.

Many asks: What happened?

(어떤 사람들은 미래를 만들어가고,

또 다른 부류는 무슨 일이 발생하는지를 연구하고,

나머지 많은 사람은 '무슨 일이 발생했지?'라고 뒤늦게 묻는다)"

롤프 옌센은 "지난 세기까지가 지식경제의 시대였다면 이제는 창조경제(Creative economy)의 시대로 진입했다"고 말했다. 그의 이야기처럼 드림 소사이어티로의 전환과 경험경제(Experience economy)의 시대가 활짝 열렸다. 경험이 창조의 바탕이 되고 경험을 창조적으로 재조합해 파는 시대가 이미 도래한 것이다. 이 신대륙을 발견한 사람들이 모두 앞다투어 황금을 거둬들이고 있는데 '도대체 세상에 무슨 일이 일어나고 있지?' 하며 물어보는 사람들 역시 부지기수다. 감성과 이야기의 경제적 가치에 주목한 옌센의 예견은 실제로 전 세계 기업들에 큰 반향을 불러일으키고 있다. 하지만 아직도 감을 못 잡고 있는 사람들이 주변에 너무나도 많다.

이런 예견을 실감 나게 증명한 사례가 《해리포터》 시리즈다. 해리포터 이야기가 영국 경제에 기여하는 효과는 연간 6조 원 규모에 이른다고 한다. 이것은 삼성전자의 연간 순이익 규모를 능가하는 수준이다. 지구촌 전체가 무한경쟁을 벌이고 있는 가운데, 산업화의 일꾼들이 예측하지 못했던 사건들이 도처에서 일어나고 있다. 자동차·유조선·플랜트 수출 못지않게 〈겨울연가〉나 〈대장금〉 같은 우리의 이야기 상품도 각광을 받고 있다.

누군가 말했다. "어느 날 눈을 떠보니 '피 흘리지 않는 전쟁(bloodless war)'의 시대가 찾아왔다"고 말이다. 맞다. 이제 우리가 걸어가는 무대는 산업혁명의 시대가 아니라 '이야기혁명'의 시대가 배경이 될 것이다. 인간이 당근에 움직이지 않고 이야기에 더 좌지우지된다는 것은 인간이 혼신(魂神)의 존재라는 것을 증명하는 것이다.

25

공감능력을
키워라

: 콘텐츠가 소통을 만든다 :

며칠 전 아내에게 전해 들은 생활 속의 작은 이야기가 떠오른다. 아내가 잘 아는 어느 주부 이야기인데 옮기자면 이렇다. 그녀는 아침마다 단골 슈퍼에 가서 우유를 산다. 우유를 살 때 진열대 앞쪽에 있는 것을 고른다고 한다. 유효기간이 제일 짧게 남아 있는 우유를 일부러 사는 것이다. 자기가 사서 먹지 않으면 반품 처리되거나 누군가 혹시 유효기간이 지난 우유를 먹게 될까 봐 그렇게 한단다.

아내는 "그 사람 참 괜찮죠?"라며 웃는다. "좋은 사람이네!" 무심결에 대답해놓고 보니 가슴이 따뜻해진다. 대부분의 사람은 유효기간이 제일 많이 남은, 진열대 안쪽의 우유를 고를 것이다. 그러나 그녀의 우유 선택 기준은 자기가 아닌 다른 사람에게 있었다. 그녀는 자원의 낭비를 염려했고, 우유회사와 슈퍼의 이미지까지도 배려할 줄 알았다. 그보다 더 아름다운 게 있다. 그녀는 단 한 번도 그런 일에 대해 호들갑스럽게 떠들지 않았으며 단지 조용하게 행동만 했을 뿐이라는 점이다. 아내가 일부러 묻지 않았다면 아무도 모르는 이야기였을 터다.

이 세상에 성자가 어디 따로 있을까 싶다. 이 '우유 여인'이야말로 성자라는 생각이 들었다. 내가 들은 이 이 이야기의 가치는 얼마나 될까? 나는 무궁무진하다고 생각한다. 누군가를 영적으로 각성시킬 수도 있고 콘텐츠를 잘만 가공하면 많은 사람을 감동시킬 수도 있을 것이다. 공감은 빵과 다르다. 빵은 나눌수록 자기 몫이 줄어들지만 공감은 나눌수록 그 효과가 커진다.

사람들은 자신이 가십의 대상이 되는 것을 싫어한다. 대부분 악평이기 때문이다. 하지만 미담의 주인공이 되는 것은 마다치 않는다. 아무튼 우리는 날마다 이야기를 생산해낸다. 그런데 그 이야기들이 대부분 쓸모없이 버려진다.

우리도 그렇다. 나도 좋은 이야기를 만들 수 있고, 그렇지 못할 수도 있다. 다만 우리는 누구나 자신의 작품을 쓰고 싶어하는 작가이다.

최고를 벤치마킹하려 들지 말고 새로운 것을 창조해 오리지널, 원천을 만들어야 한다. 사랑의 마음을 가지고 보이지 않는 외로움, 불편함, 번거로움들에 관심을 가질 수 있어야 한다. 이제 아픔을 들여다보는 힘, 기쁨을 보태는 힘이 경쟁력인 시대다. 혼신의 존재인 인간은 혼신의 존재인 다른 사람을 움직일 때 당근과 채찍이 아니라 이야기를 사용해야 한다. 그래야 혼신일체의 현상이 나타난다. 혼신일체의 힘이 흔히 말하는 의식혁명이다.

이런 힘을 키우기 위해서 인문학이 중요하다. 인문학은 아픔과 기쁨에 대한 섬세함을 높여주어 무심히 보아 넘기는 것들 속의 아픔과 기쁨을 찾아내고 위로와 치료의 실마리를 제공한다.

롤프 옌센의 이야기처럼 21세기는 꿈과 경험을 이야기로 만들어 파는 시대다. 이제는 콘텐츠라는 개념만으로는 성공하기 힘든 시대다. 여기에 스토리텔링을 보태야 한다. 스토리가 가미되지 않은 사실 그대로의 콘텐츠는 다큐멘터리일 뿐이다. 물론 담백한 다큐멘터도 때론 감동을 준다. 하지만 그것이 국경과 종교와 인종을 넘어 '새로운 부'가 되려면 사랑이라는 감성으로 유연하게 버무려져야 한다. 스토리텔링은 감성 소비자의 변화를 보여주는 대표적인 문화현상이다. 치열한 경쟁 상황에서 대중이 주목하는 콘텐츠는 몰입이 가능한 콘텐츠이고, 그러한 몰입의 가장 주요한 수단은 다름 아닌 스토리텔링이기 때문이다. 스토리텔링은 비단 문화 분야만의 현상은 아니다.

: 절대로 떨어지지 않는 사과 :

똑같은 이야기라도 스토리를 연결하니 예상 외의 좋은 결과를 얻었다는 사례가 있다. 얼마 전 EBS 다큐프라임 〈이야기의 힘〉 3부에서 스토리텔링의 시대에 대해 나온 이야기다.

그 첫 번째가 사과 이야기다. 1991년, 일본 최대의 사과 생산지로 유명한 아오모리 현에 예상치 못한 태풍이 불어 수확을 불과 몇 달 앞둔 사과 과수원을 덮쳤다. 일본이 태풍의 나라이긴 하지만 그러한 태풍은 흔한 일이 아니었다. 결국 과수원은 초토화되었고 낙과 피해는 규모를 가늠할 수 없을 정도였다. 농부들은 시름에 잠겼다. 그중 한 농부는 태풍 속에서 살아남은 사과를 발견하고서는 그마저 땅에 내동댕이치며 하늘과 정부를 원망만 했다.

하지만 같은 사과를 바라보는 또 다른 농부가 있었다. 이 사람의 눈에는 태풍에도 떨어지지 않은 위대한 사과들이 보였다. 이들은 전체 중 10퍼센트에 불과했다. 하지만 그 남은 사과가 그에게 영감을 주었다. '야! 태풍과 모진 비바람도 이겨낸 기특한 놈들이 있구나! 저놈들이야말로 합격이다'라고 생각한 것이다. 그는 즉시 사과에 '합격'이라는 글자를 새겼다. 글자 모양을 판 봉지를 씌워 그 부분만 햇빛이 닿게 한 것이다. 그해 가을 사과에는 '합격'이라는 단어가 선명하게 눈에 들어왔다. 그 사과는 정말 태풍 속에서도 떨어지지 않은 합격품 사과였다. 그 농부는 이 위대한 합격품 사과를 선전하기 시작했다. 태풍과 모진 비바람을 견뎌낸 합격 사과라는 소문이 퍼지자 제일 먼저 전국의 수험생들로부터 주문이 들어왔다. 사실 맛도, 당도도 떨어지고 상처도 많은 사과였지만 놀랍게도 판매액은 전년 대비 30퍼센트나 증가했다. 이유는 사과에 '공감'과 '교육'이 담겼기 때문이다. 이후 아오모리의 사과에는 스토리가 생겼다. '절대로 떨어지지 않는' 사과라는 스토리다.

스토리텔링의 중요성에 대해서 덴마크의 스토리텔링 전문 기업 시그마의 클라우스 포그는 이렇게 얘기한다.

"기업의 일방향적인 광고가 넘쳐나는 세상에서 소비자들의 기억 속에 좀 더 오래 남는 무언가를 새겨주기 위해서 이제 스토리텔링은 필수가 되었습니다. 창업주들의 이야기는 언제나 소비자들의 관심을 끌어당깁니다. 특히 어려운 경제를 견인했던 시대의 영웅으로 칭송받는 이들의 이야기는 더욱 그렇습니다. 아파트 광고에는 언제나 아파트의 평수와 주거 조건에 대한 이야기 대신 아름다운 모델들을 전면에 배치합니다. 그 아파트에 살면 우리도 그들과 같이 해피한 삶을 살 수 있을 것 같다는 스토리를 전하는 거지요."

혼신의 열정은 위대한 사랑 이야기로부터 시작된다. 사랑은 인간의 능력을 500배나 끌어올리는 위대한 에너지의 점화점이다.

: 공감을 만드는 능력이 경쟁력이다 :

윈프리는 지난해 미국에서 가장 많은 소득을 창출한 여성이다. 그런데 그녀에게는 아픔이 있다. 그녀는 1954년, 미혼모의 아이로 태어났다. 그래서 어렸을 때는 외할머니, 어머니, 아버지의 손을 전전하며 양육되었다. 그렇게 자라면서 얼마나 상처가 많았겠는가. 그녀는 세 살 때 처음으로 교회에서 성경을 배우고 암송했고, 그러면서 아픔을 삭이는 힘을 길렀다. 만약 그녀가 그 아픔을 이기지 못하고 좌절하여 쓰러져버렸다면 오늘날 오프라 윈프리의 신화는 생기지 않았을 것이다. 그녀가 고통을 끌어안고 내면의 힘으로 승화시켰기에 흑진주 중의 흑진주로 사랑받는 것이다.

나는 사명을 세 가지로 정의 내린다. 첫째, 남들보다 조금이라도 더 가진 것이 사명이다. 지식이든 돈이든 더 가진 것이 하나님을 위해서 쓰임 받아야 할 부분이다. 둘째, 부담감이 사명이다. 똑같은 현상과 사물을 보고 유독 어떤 사람은 부담감을 가진다. 어떤 사람은 장애인을 보고는 그냥 지나치지를 못한다. 또 어떤 사람은 가난한 사람을 보면 그냥 지나치지 못한다. 나는 청년을 보면 가슴이 뛴다. 이런 부담감이 사명이다. 셋째, 아픔이 사명이다. 남들이 당하지 못한 아픔을 당한 과거가 있는가? 그것이 바로 하늘이 나에게 주신 사명이다. 나와 똑같은 아픔을 가진 사람을 도우라는 뜻이다.

이런 점에서 오프라 윈프리는 과거의 아픔을 또 다른 아픔을 가진 사람과 나누는 사명을 가진 사람이다. 그녀는 아픔을 가진 자의 친구다. 상처를 입은 사람들도 모두 윈프리를 자기의 친구로 생각한다. 오프라 윈프리는 그들의 아픔에 동참한다. 상처 입은 사람이 나오면 같이 울고, 안아주고, 자신의 과거를 숨김 없이 드러내놓는다.

그녀의 토크쇼에 한 번은 스트레스 때문에 폭식하는 여인이 출연했다. 아픔을 공감한 윈프리가 이렇게 말했다. "사실 나도 과거에 그렇게 폭식한 경험이 있어요. 핫도그를 한 박스나 먹은 적도 있어요." 그러자 방청석에서 눈물과 함께 폭소가 터졌다. 또 마약 중독에서 벗어나려고 몸부림치는 한 여인에게 윈프리는 이렇게 말했다. "나도 과거에 코카인을 했던 적이 있어요." 여러 남자에게 윤간을 당한 충격으로 힘겨워하는 여인에게는 이렇게 말했다. "나도 어렸을 때, 강간을 당했어요." 그녀에게는 비밀이나 숨김이 없다. 그래서 사람들은 그녀의 감화시키는 능력을 '자기 폭로형 친밀감

(self-revealing intimacier)'이라고 말한다.

이것이 신령교감을 만든다. 사람은 대개 아픔을 공개적으로 이야기하지 않는다. 하지만 이미 그것을 끌어안고 핵을 진주로 만든 사람은 스스럼없이 말할 수 있다.

: 사랑에는 사랑을 낳는 힘이 있다 :

꿈과 용기와 비전이 창조적인 모자이크를 만들어낸다. 사랑과 열정은 같은 뿌리다. 사랑의 힘을 믿는 사람은 좌절에 굴하지 않는다. 좌절을 만나면 그것을 전화위복의 기회로 삼는다. 실수 역시 다음을 위한 도약으로 만든다. 그러므로 사랑의 힘을 믿는 사람에게는 난관도 난관이 아니라 기적을 만드는 도구가 되는 것이다. 사랑으로 내미는 이 희망의 카드에는 한도가 없다.

비행기 안에서 본 한 영화가 나에게 큰 감동을 주었다. 제목은 〈블라인드 사이드〉다. 아이큐 80에 커다란 덩치에다 늘 주눅 든 표정의 흑인 소년 마이클 오어는 친모의 마약중독 탓에 열두 명의 형제와 뿔뿔이 흩어져 하루하루를 외롭고 힘겹게 살아가고 있다. 그동안 몇몇 위탁부모들과 생활하기도 했지만, 그것은 사람들에 대한 불신만 키워주고 말았다.

선천적으로 타고난 운동신경을 인정받은 마이클은 자비와 사랑

의 정신을 모태로 하는 한 사립고등학교에 입학한다. 하지만 타고
난 운동신경을 제외하면 그는 모든 면에서 뒤떨어진 아이다. 성적
때문에 늘 불안하고, 남들보다 커다란 몸을 가진 그 아이는 학교에
서도 적응하지 못한 채 외롭기만 하다.

　몹시도 추운 바람이 부는 어느 날, 오늘도 혼자인 마이클은 얇은
반팔 하나에 의지한 채 길거리에서 떨고 있었다. 그를 리앤 가족이
발견하고 하룻밤만 재워주기로 한다. 그런데 그동안의 모든 위탁
부부와 많은 동정 속에서 언제나 부담스러운 존재로 취급되던 마
이클은 고마운 리앤 부부에게 해가 될까 봐 이부자리를 곱게 정리
하고 집을 나선다.

　언제나 사소한 것이 지구를 움직이고 역사를 변화시킨다. 나비
효과다. 마이클의 이 작은 행동은 리앤의 모성애를 자극하기 충분
했다. 그에게 한 번도 가지지 못한 침대를 선물해주고 눈물을 훔치
던 그녀, 당연하게 생각했던 그녀의 모든 삶은 마이클과의 하루하
루 속에서 새롭게 의미를 가지고 새로운 삶을 시작하게 해준다. 처
음부터 마이클의 든든한 후원자였던 막내아들 숀과 사춘기 소녀
콜린스, 그리고 그들의 아버지까지 모두가 한마음으로 마이클을
받아들이면서 진정한 가족이 된다.

　나는 이 영화를 통해 사랑의 스토리 한 편이 백 마디의 연설보다
낫다는 것을 깨달았다. 미움이 미움을 낳듯, 사랑에 사랑을 낳는

힘이 있다는 것도 다시금 알게 됐다.

　이 세상이 무엇으로 이루어져 있는가? 보이는 것은 보이지 않는 것으로 말미암는다.(성경 히브리서) 보이지 않는 세계를 영적 세계라고 한다. 영적 세계를 알아야 세상을 알 수 있다. 분자와 원자의 세계를 지나 더 깊은 물리학의 세계로 들어가면 양자의 세계가 나온다. 이 양자의 세계에서는 더는 고전적인 물리학의 법칙이 통하지 않는다. 그곳은 물리적인 힘과 파장의 힘이 동시에 존재하는 공간이다. 더더구나 관찰자에 따라서 물리적인 성격을 가진 입자가 되기도 하고 파장이 되기도 하는 이해할 수 없는 현상이 나타난다. 파장이 무엇인가? 생각과 감동과 말의 파동이 지배하는 세상이다. 전 지구를 움직이는 가장 위대한 힘은 생각이며 교감이며 감동이다. 사람의 말과 언어에 따라서 물이 그 구조를 바꾸고 물질이 비물질이 되기도 한다. 사람의 생각은 전 우주를 장애물 없이 관통하며 모든 자연계에 영향을 미친다. 다만, 당장 일어나지 않고 시차가 있다는 것뿐이다. 이 원리를 깨달으면 우주적인 공감을 만들어내고 우주적인 성공을 이룰 수 있다. 내가 강렬하게 생각하면 우주에는 나비 효과가 생긴다. 찻잔 속의 작은 회오리가 알고 보면 허리케인을 만드는 것임을 알 수 있다.

　밑천도 없고 원천기술도 약하고 더더구나 가진 것이라곤 몸 하나쁜이라고 하더라도 생각의 힘을 키우고 영적인 에너지를 키우며 생각하는 대로 스스로를 움직여나가라. 그러면 영혼이 잘됨 같이 범사에 형통할 것이다.

26

공감으로 풀어라

: 공감이 문제를 해결하는 열쇠다 :

문제를 만나면 기뻐하라. 문제야말로 창조의 어머니이기 때문이다. 매달 여자들에게만 찾아오는 손님이 있으니, 바로 생리다. 불과 30여 년 전까지만 해도 여자들은 이 손님을 기저귀라는 원시적인 수단으로 맞이해야만 했다. 그러다 보니 귀찮고 짜증 나는 건 둘째치고 여간 불편한 게 아니었다. 기저귀를 아무리 꼼꼼히 대도 혹시라도 새지 않을까 늘 불안했고, 두께가 있어서 옷 위로 표시가 나 신경이 쓰이곤 했다.

이 같은 문제를 말끔히 해결하여 지구촌 여성들을 '생리의 공포'로부터 해방시킨 사람이 일본의 사카이 다카코 씨다. 회사원이었던 그녀는 생리 때문에 출근조차 못 한 적도 있었다. '생리를 감쪽같이 치를 방법이 없을까.' 그녀는 몇 년째 자나 깨나 방법을 생각했다. 그러던 어느 날 소문을 들은 후배 하나가 이렇게 귀띔해주었다. "흡수성이 강한 종이(화장지)로 만들면 흘러나올 염려도 없고 화장실에서 감쪽같이 갈아 끼울 수 있잖아요."

그녀는 귀가 번쩍 뜨였다. 즉석에서 20만 엔을 주고 이 아이디어를 사들였다. 우선 모든 종이를 모아 그중 흡수성이 가장 강한 것을 찾아내 알맞은 크기로 접었다. 다음은 흘러나옴을 방지하기 위해 겉부분에 얇은 방수막을 대고, 착용이 편리하도록 두께와 크기를 조절했다. 약품을 이용한 위생 처리도 잊지 않았다. 연구는 여기에서 우선 일단락됐다. 그녀는 때마침 찾아온 생리를 이것으로 맞아보았다. 흘러나오지 않고 표시가 나지 않는데다 뒤처리도 수월해서 몹시 편리했다. '이 편리함을 모든 여자에게 나눠주자.' 특허등록을 마친 그녀는 서둘러 회사를 설립하고, '안네'라는 상표로 생산을 개시했다.

공감을 일으키는 파장의 근원, 절망을 희망으로 바꾸는 힘의 근원은 사랑이다. 미움과 전쟁으로 가득한 세상이지만 그래도 곳곳에 숨은 사랑의 이야기들이 존재하기에 세상은 완전히 무너지지 않고 살 만한 곳이 된다.

앙리 뒤낭은 사업가였다. 철저한 사업가로 뼛속까지 비즈니스적 마인드로 채워져 있었다. 그는 제1차 세계대전이 일어나자 비즈니스를 할 기회가 더 많아졌다고 판단하고 프랑스와 독일 간의 전투가 치열한 전장으로 뛰어들었다. 하지만 그곳에서 그가 마주한 것은 전쟁의 처참함이었다. 상상을 초월하는 피비린내와 아비규환의 현장을 목격하고 현실에 눈을 떴다. 그는 전장에서 죽어가는 수많은 젊은이를 보면서 부상당한 병사와 포로들에 대하여 인류는 자비를 베풀 책임을 느껴야 한다고 생각했다.

그는 하던 사업을 접었다. 그리고 비즈니스를 위해 모아두었던 모든 자본을 포기했다. 그들을 인류애적 사랑으로 품을 모델을 기독교에서 발견했다. 그의 노력으로 국제적십자사가 발족되었고 그의 영웅적인 희생 덕분에 수억 명의 사람이 죽음의 문턱에서 구원을 받았다.

〈쉰들러 리스트〉라는 영화 역시 마찬가지 메시지를 전한다. 스티븐 스필버그는 그 영화의 시사회에서 이렇게 말했다. "오, 하나님! 제가 왜 영화감독이 되어야 했는지 알겠습니다."

사랑의 이야기는 세월이 지나도, 국경을 넘어서도 그대로 전달된다. 사랑은 모든 상상력의 원천이다. 사랑은 공감을 만들고 상상력을 현실화시킨다. 위대한 상상은 언제나 위대한 열정에서 나오며, 위대한 열정은 위대한 사랑에서 나온다.

: 공감과 소통의 놀라운 진전을 가져온 활자술 :

오늘날 이 시대를 관통하는 두 가지 핵심 키워드는 창조와 소통이다. 한 명의 창의적인 천재가 100명, 1,000명, 10,000명을 먹여 살린다는 말은 보편적인 화두가 되었다. 하지만 여기서 더 나아가 소통의 단계에까지 이르러야 진정한 글로벌 리더가 된다.

20세기 말부터 21세기에 들어선 현재까지, 현대 과학은 두 가지 큰 흐름에서 이전 세기와는 다른 길을 제시하고 있다. 그 한 가지는 고전물리학의 이론을 뛰어넘는 양자물리학의 발견과 전개이고, 두 번째로는 양자물리학의 원리가 가장 잘 적용되고 있는 의식과 정신 세계에 대한 비밀이 뇌과학에서 서서히 밝혀지고 있다는 점이다. 이와 같은 연구는 이미 반세기의 역사가 있을 정도로 연구 성과가 깊다. 하지만 놀랍게도 일반인에겐 널리 알려지지 않고 있다. 양자물리학의 깨달음이 아니더라도 이미 우리는 본능적으로 알고 있다. 믿음의 법칙과 이끌림의 법칙을 통하여 만물이 내게로 돌아온다는 사실을 말이다. 이것이 의식의 혁명이다. 그래서 의식을 만들어내는 비밀인 전두엽의 활용에 대해서 알아야 한다. 이러한 공감이 공동체나 국가에서 공통체험으로 나타날 때 거대한 에너지를 얻게 되는 것이다.

인간은 마음으로 상상하는 것을 이룰 수 있다. 말은 상상의 산물이다. 한 사람, 두 사람 점점 확장되어 천 사람, 만 사람이 공감하면 행동의 통일이 일어난다. 그리하여 기적이 이루어진다. 문학, 음악, 미술과 같은 분야에서도 창의성과 함께 공감을 불러일으켜야 역사의 물줄기를 만드는 원동력이 된다. 여기서 파생된 상품과 서비스 역시 동시대 사람들의 공감을 이끌어내야 잘 팔린다는 것은 너무나 당연한 얘기다.

중세 유럽의 르네상스를 일구어낸 원동력이 무엇인가? 중세의 어두운 그늘이 1,300년 이상 지속되자 사람들은 새로운 사조가 불어와 주기를 학수고대했다. 그런데 그 물꼬를 누가 터줄 것인가? 공감은 하지만 공감대를 이끌어낼 계기가 없었던 때, 그 역할을 한 것이 구텐베르크의 활자 성경이었다. 성경이 인쇄라는 방법을 통해 대량 생산되어 나오자, 인문학 분야에서도 다양한 이야기가 대량으로 생산되고 복제되었다. 글과 책을 통해 공감대가 광범위하게 형성되자 인문학은 새로운 부흥을 맞이하게 된다.

구텐베르크의 활자는 우리나라를 방문했던 경교선교사들이 직지심경을 보고 만든 것이다. 고려가 만든 활자가 유럽에 르네상스를 불러온 셈이다. 금속활자로 말미암아 인류 최초로 보편적인 소통의 도구가 생기게 되었다. 당시 유럽에서 금속활자의 발명은 오늘날 인터넷의 발견과 보급보다 더 획기적인 사건이었다. 정보의 흐름이 활발해졌고 사고의 폭이 넓어지기 시작했다. 그리하여 새로운 생각의 물결이 넘쳐나고, 공감과 소통의 놀라운 진전이 일어났다.

27

나의 스토리를
만들라

: 스타벅스를 이기세요 :

2010년 제2차 4/14 Window Summit이 있어 뉴욕에 갔다. 잠시 짬이 나 아는 분의 소개로 맨해튼의 중심에 있는 로스트타운이라는 이름의 커피숍을 방문했다. 사장님의 요청으로 몇 사람을 앉혀 놓고 특강을 했다. 당시 사장님으로부터 들은 이야기는 맨해튼에는 수백 개가 넘는 스타벅스 커피숍이 있는데 자신이 세운 이 커피숍이 스타벅스보다 손님이 많다는 것이었다. 그래서 사업이 날로 확장되어 이제 네 번째 점포를 오픈 중이라는 것이었다. 그리고 곧 한국에도 진출할 것이라고 했다. 나는 그 이야기를 듣고 잠시 생각에 잠겼다가 말했다.

"아직 멀었습니다. 스타벅스를 이기세요. 더 이기셔야 합니다. 한 20개쯤 전략적으로 스타벅스와 마주 보는 곳에 점포를 세우십시오. 그리고 곳곳에서 스타벅스를 이기도록 최선을 다하십시오. 그러면 스토리가 됩니다. 스토리가 된다는 것은 신화를 만든다는 이야기입니다. 오늘날 신화를 만드는 경영을 스토리 마케팅이라고 합니다. 로스트타운을 대기업으로 키우고 싶다면 먼저 스토리를 만들어내야 합니다. 로스트타운이 만들어내야 할 스토리는 약한 자도 준비 여하에 따라 강한 자를 이긴다는 것입니다."

내 말을 사장님은 60퍼센트 정도 이해하는 것 같았다.

스타벅스의 경영 비밀은 스토리 마케팅에 있다. 스타벅스는 세계로 진출하기에 앞서 성공 스토리부터 팔았다. 한국에 스타벅스가 본격적으로 들어오기 전부터 책을 통해 열정적으로 알렸다. 사람들은 이탈리아식의 쓰고 진한 커피 '에스프레소'가 무엇인지도 몰랐지만 스타벅스의 스토리에 매료되었다. 그래서 4,000원짜리 밥을 먹고는 3,000원짜리 진한 에스프레소 커피를 마시는 것이다.

그러므로 로스트타운이 세계적 기업으로 성공하려면, 그들도 먼저 공감을 만들어내야 한다. 스토리텔링의 목적은 공감이며, 사람들의 마음을 움직이는 것이다. 그렇게 하려면 내가 볼 때 로스트타운은 몇 가지의 이야기를 만들어내어야 했다. 첫째, 1등과 싸우는 다윗의 전략을 펴야 한다.

: 1등과 싸우라 :

다윗의 이야기가 극적인 이유는 그가 1등과 싸워 이겼다는 것이다. 학교 다닐 때도 맞짱을 뜨려면 전교 1등과 떠야 했다. 내게는 그런 프로 근성이 있었다. 당시 비록 키가 작고 몸도 왜소했지만 맞짱정신이 있어 항상 친구들을 부하처럼 거느리고 다녔다. 다윗이 그런 인물이다. 경영학 교과서에도 싸우려면 1등과 싸우라는 말이 있다. 이것을 실천해 성공한 대표적인 기업이 토요타다.

2007년 1월 8일 자 한겨레신문 보도에 따르면, 미국의 한 설문 조사에서 응답자의 44퍼센트가 일본이 자동차를 가장 잘 만드는 것으로 생각한다고 답했다. 미국에서 자동차 부문은 GM과 포드, 크라이슬러가 오랫동안 빅 쓰리의 지위를 유지해왔다. 하지만 현재는 크라이슬러를 밀어내고 토요타가 빅 쓰리에 들어갔으며, 2013년 1월의 판매량 통계만 봐도 GM, 포드, 토요타 순으로 집계되었다.

이처럼 토요타가 굴지의 미국 기업을 제치고 급성장을 이룬 것은

50년 전 탁월한 선택을 한 덕분이다. 토요타는 생각했다. 세계적 기업이 되려면 일본 국내가 아니라 미국에서 승부를 걸어야 한다고 말이다. 미국 진출 초기에는 고전을 면치 못했지만 세계적인 수준에 맞추기 위하여 노력에 노력을 한 결과 토요타는 이제 미국을 넘어 세계를 호령하고 있다.

옛말에 큰물에서 놀아야 한다고 했다. 큰 나무 숲을 걷노라니 자신도 어느새 큰 나무가 되었다고 한 시인의 말도 있다. 한때 일본 제품은 미국 시장에서 '싼 게 비지떡'이라는 소리를 듣기도 했다. 일본 기업은 그 소리를 듣지 않기 위해 죽기 살기로 기술 개발에 힘썼다. 미국인들은 지금은 일본에 대해 동경심까지 가지고 있는데, 이러한 의식의 변화에 한몫한 것이 토요타다. 토요타는 이왕 싸우려면 1등과 싸우라는 격언에 충실했기에 그만의 핵을 만들 수 있었다.

이왕 싸울 바엔 1등과 싸우라는 말이 경영 전략의 주요 포인트가 되어야 한다. 1등과 싸워서 지면 2등은 할 수 있기 때문이다. 소비자의 머릿속에는 인식의 사다리가 생기고, 사다리의 단계마다 각각의 상표가 자리 잡게 된다. 대부분의 상표는 자신의 위치에 만족하지 못하기 때문에 인식의 사다리를 보다 높이 오르려고 계속 투쟁하게 된다. 그러다가 점차 우열이 드러나면서 1위 자리를 놓고 경쟁하는 기업은 두 개로 압축된다. 시장 상황을 장기적으로 살펴볼 때 대체로 싸움은 두 거인, 즉 오래되고 믿을 수 있는 브랜드와 갑자기 부상한 브랜드 간 혈전으로 바뀐다.

선두를 다투는 두 기업은 항상 화제가 되고, 그래서 소비자의 머릿속에 쉽게 각인된다. 그 예로 코카콜라와 펩시를 들 수 있다. 세상에 그 두 브랜드만 있는 것도 아닌데 사람들은 콜라 하면 이들만 떠올린다. 아날로그 시절에 필름 하면 얼른 떠오르는 것이 코닥과 후지였듯이. 그러므로 최고경영자는 당연히 1위를 상대로 선전포고를 해야 한다.

: 스토리를 소비하는 시대 :

나는 앞서 말했던 로스트타운 사장님에게 이렇게 주문했다. "첫째, 1등을 상대로 선전포고하십시오. 둘째, 1등을 이긴 전설을 만들어내십시오. 셋째, 그 이야기를 만들어낼 인문학적 배경을 갖추십시오. 넷째, 지금까지의 이야기를 요약할 수 있는 심벌과 마크를 만드십시오."

그런 주문을 한 이유는 구멍가게식 경영과 세계경영이 다르기 때문이다. 세계경영을 꿈꾸는 사람은 밑그림을 크게 그려야 한다. 그래서 먼저 심벌을 바꾸라고 했다. 로스트타운의 심벌은 커피빈을 두 줄로 열십자 형태로 배열해놓은 것으로 그쳤다. 아마 갓 구운 커피빈을 상징하는 것 같았다. 그러면 상대편 스타벅스는 어떤가? 신화에 등장하는 인어, 사이렌이 심벌마크 속에 들어 있다. 오랜 항해에 지쳐 몽롱한 선원들을 애절한 노래로 꾀어서 바닷속으로 빠뜨린다는 전설을 그들의 심벌에 담은 것이다. 지친 바다와 고단한 하루, 그들을 잠시나마 사이렌과 같은 유혹의 에스프레소 커피 앞으로 끌어들이겠다는 무언의 메시지를 전달하고 있다.

그래서 나는 로스트타운의 심벌마크를 골리앗의 머리를 벤 다윗의 그림으로 잡는 게 어떠냐고 주문한 것이다. 성경은 상상력의 보고(寶庫)다. 특히 다윗은 문학과 미술, 음악, 조각에서 수많은 작품에 소재로 쓰였다. 한 예로 미켈란젤로의 다비드상을 보자. 미끈한 몸매와 잘빠진 허리 그리고 식스팩, 하지만 그의 매력은 몸매에 있는 것이 아니다. 물맷돌의 달인이라는 데 있다. 시쳇말로 하자면 박찬호보다 훨씬 빠른 강속구를 던진 돌 던지기의 명수였다. 하루의 대부분을 돌을 던지는 데 투자했다. 할 줄 아는 게 돌 던지기밖에 없었다고도 할 것이다. 그래서 자기보다 두 배나 큰 골리앗을 보고 겁도 없이 대들 수 있었다. 그것은 자신감이었다. 자신에 대한 믿음, 그 신념이 있었기에 사울 왕 앞에서 자신을 구원투수로 내보내달라고 당당하게 말할 수 있었던 것이다.

우리는 모두 골리앗 앞에 선 다윗이다. 생각해보라. 거대한 맨해튼의 빌딩숲에 서 있는 샐러리맨이나 갓 입사한 회사의 신입사원 아니면 취업준비생들, 그들이 느끼는 세상은 골리앗 아닐까? 그들에게 영감을 불어넣는 커피숍을 만든다면 세계적인 체인이 되어 뻗어나가기가 훨씬 수월하지 않을까? 거인 스타벅스와 일대일로 겨루어 곳곳에서 승리의 전적을 만들어낸다면, 1등인 스타벅스를 상대로 다윗처럼 이겨낸다면 그것 자체가 뉴스가 되지 않을까? 이 세상에는 뉴스를 만들어내는 사람과 뉴스를 따라가는 대중이 있다. 그리고 역사는 뉴스를 만들어내는 사람이 이끌어간다.

윈윈하라

내가 주와 또는 선생이 되어 너희 발을 씻겼으니

너희도 서로 발을 씻기는 것이 옳으니라.

- 요한복음 13장 -

28

신의상생하라

: 개인은 연약하지만 세계를 변혁할 수 있다 :

신령창의의 핵심은 몰입을 통한 영감의 확장과 창의성의 극대화다. 하지만 인생의 성공이라는 것이 그것만으로 보장되지는 않는다. 한국 요리의 마지막을 장식하는 가장 중요한 두 가지 양념인참기름과 식초처럼 없어선 안 될 중요한 것이 있다. 바로 우리의품성과 관계되는 신뢰와 신의다. 난 사람도 많고 든 사람도 많지만된 사람이 되어야 인간성이 완성되듯이 사람됨의 완성은 실력보다

인품으로 이뤄진다.

　국민일보 임한창 부장의 기사에 이런 이야기가 나온다. 일본 남단 머나먼 바다에 오키노토리라는 아주 작은 섬이 있다. 썰물 때는 2미터, 밀물 때는 30센티미터 높이의 바위만 보이는 작은 섬이다. 산호초 사이에 우뚝 솟은 이곳이 파도에 마모되어 사라지거나 해수면 상승으로 가라앉지 않도록 일본은 촉각을 곤두세운다고 한다.

　사정이 그렇다 보니 섬이라고 하기엔 민망하고 선원들이 가장 꺼리는 해상의 암초라고 보아야 마땅한 곳이 아닐 수 없다. 그런데 일본은 독도를 자기네 땅이라고 우기는 것처럼 그곳도 자신의 섬이라고 우기고 있다. 만약 이 암초가 마모되거나 깎여 사라진다면 그들 입장에선 엄청난 영해를 잃게 된다고 생각해 그곳을 지키기에 혈안이 되어 있다. 지난 몇 년 동안에는 돌출 부분에 시멘트를 덕지덕지 바르는 등 더욱 안간힘을 쓰고 있다. 그동안 갖다 바른 돈으로도 모자라 2013년 3월에는 앞으로 9,000억 원을 들여 항만을 건설하겠다고 발표하기도 했다. 토지 개념으로 보면 이 땅이 몇 푼이나 하겠는가만, 이 보잘것없는 섬 하나 때문에 이곳은 가장 많은 나라가 자국 영토라고 주장하는 분쟁해역이 되었다.

　일본은 왜 그런 극단적인 분쟁을 자초할까? 우리가 보기엔 작고 초라한 암초에 불과하지만, 그것이 국가의 영토로 인정받으면 엄청난 권리가 주어지기 때문이다. 이 암초덩이 하나로 일본은 본토

보다 큰 40만 제곱킬로미터의 영해를 확보하게 된다. 그리고 그 넓은 영토 아래 묻힌 석유, 가스, 수자원, 광물질, 어류 등을 모두 자기네 것이라고 주장할 수 있게 된다. 작은 바위 하나가 국가의 지도를 바꾸어놓는 것이다. 이 암초덩이로 얻을 수 있는 경제적 가치와 권리가 상상을 초월하니 결코 포기하려 들지 않는 것이다.

이 사실을 알고 보면 한 개인의 능력도 마찬가지란 생각이 든다. 사람은 질그릇처럼 연약하다. 깨지기 쉬운 존재다. 하지만 그 연약한 존재가 내적 혁명을 경험하면 세상을 변혁하는 존재가 된다. 그 한 사람으로 말미암아 가족과 친척과 사회와 국가가 변한다. 제대로 된 한 사람이 키워지고 변하면 하늘과 땅이 변한다. 그래서 교육이 중요하고, 그래서 미래를 준비하려면 인재를 육성해야 하는 것이다.

유대인 자녀들은 안식일에 부모로부터 구전교육을 받는다. 히브리어에는 모음이 없어서 이야기를 들어야만 이해가 쉽다. 그렇게 기본적인 스토리텔링이 깔려야 나중에라도 글을 읽을 수 있다. 이야기를 통해 부모로부터 배려를 받고 배려를 자연스럽게 몸에 익힌다. 배려를 많이 받고 자란 아이가 자연히 배려심이 많은 어른이 되기 때문이다.

그런데 우리는 아니다. 어려서부터 이기기를 강요당한다. 부모도 학교 선생님도 경쟁심을 불어넣으며 지지 말라고 가르친다. 그래서 공동체와 애국심과 상생원리를 잘 모른다. 외국인들은 종종 한국인을 보고 "개인은 뛰어난데 뭉치면 지리멸렬해진다"라는 말을 한다. 이래서는 미래가 있을 수 없다. 오키노토리 섬과 같은 존재인 개인 한 명, 한 명을 신의상생의 인간으로 키워야 한다. 21세기는 독불장군의 마인드로는 살아가기 어렵다. 글로벌화의 첫째는 신의상생의 가치관이다. 위계질서의 수직적 사고가 아니라 섬김과 봉사와 동반성장을 중심에 두는 수평적 사고다.

: 위키 싱킹을 익혀라 :

스티브 잡스가 떠난 지 어언 1년이 지났다. 우리는 한 사람의 위대한 이노베이터를 잃은 정도가 아니라 미래를 열어줄 중요한 선지자 한 사람을 먼저 보냈다고 할 수 있다. 스티브 잡스의 삶은 그 자체가 하나의 드라마였다. 그는 위기의 애플과 픽사를 초일류 기업으로 변화시킬 수 있었다. 사람들은 그의 변화원동력이 '위키 싱킹 (Wiki Thinking)'에 있었다고 말한다. 이 말의 뜻은 멋진 아이디어, 지식의 공유, 직원의 참여에 의한 새로운 아이디어의 창조라는 뜻이다.

그가 이 세상에 자신의 존재를 처음으로 부각시킨 획기적인 사건은 애플컴퓨터의 탄생이었다. 이후 그는 수많은 획기적인 사고로 세상을 깜짝 놀라게 했고, 만들어내는 제품마다 시장에서 큰 호응을 불러일으켰다. 그러한 그의 사고방식은 친구이자 동업자인 스티브 워즈니악의 기술과 자신의 마케팅 능력을 연결하는 '연결형 사고' 덕에 가능했다. 하지만 이러한 연결형 사고의 결과로 많은 성공을 경험하게 되자 결국 자만과 독선에 빠졌으며, '선택적 사고'의 그물에 걸리게 됐다. 이것은 '나만이 모든 것을 해결할 수 있다'는 생각의 오류를 낳았다. 그 결과 그는 애플을 떠나야 했다. 수년 후 다시 애플로 복귀하면서는 다시 원래의 사고로 돌아왔다. '수평적 사고', '연결적 사고'로 되돌아온 것이다. 그렇게 해서 탄생한 것이 아이팟(iPod)이었고, 이어서 아이폰(iPhone)이 세상에 모습을 드러냈다.

예전 소니가 워크맨(workman)이라는 휴대용 오디오를 통해 세계를 석권했듯이 아이팟(iPod) 역시 단순한 MP3 플레이어를 뛰어넘는 획기적인 제품이다. 수평적 사고를 통해 집단지성을 가미한 제품으로 다양한 콘텐츠를 활용할 수 있는 기기다. 아이팟에 적용된 수평적 사고의 영향력은 다음 제품인 아이폰에서 폭발적인 진전을 보았다. 초기 아이폰의 제품은 집단지성의 콘텐츠를 저력으로 하여 삼성 갤럭시가 도저히 따라잡을 수 없는 영역의 제품으로 자리매김했다. 이에 도전을 받은 삼성도 구글과 손을 잡음으로써 빠른 시간 안에 맞대결할 수 있었다.

아이폰의 매력은 인간이 생각해낼 수 있는 모든 어플리케이션을 장착할 수 있다는 데 있다. 집단지성을 스마트폰으로 끌어들였기에 가능한 일이었다. 대개의 하드웨어 제품은 하드웨어 개발자가 이익을 독식하는 구조다. 하지만 아이폰의 수익구조는 하드웨어 개발자인 애플만이 아니라 어플리케이션을 만든 모든 사람에게 분배되게끔 되어 있다. 이것은 삼성의 수직적 사고가 도저히 따라갈 수 없는 영역이다.

아이폰의 앱 개발자는 전 세계에 걸쳐 있는 데 반해 삼성의 앱은 한국, 그것도 삼성 사용자로 제한된다는데 시장 장악의 한계점이 있다. 개인적 창의를 넘어 집단적 창의가 일어나도록 장을 만드는 신의상생의 철학이 이 시대에 꼭 필요한 이유다.

서양속담 중에 "술맛이 좋으면 간판이 필요 없다"는 것이 있다. 동양에는 한비자의 글 속에 "구맹즉주산불수(狗猛則酒酸不售)"라는 이야기가 나온다. 뜻은 "사나운 개가 주막 앞에서 으르렁거리면, 아무리 술맛이 좋아도 술이 팔릴 수가 없어 초가 된다"는 뜻이다. 공감의 능력과 소통의 비밀을 아는 리더가 되어야 사람이 모이고 인재가 나타난다. 이 시대의 진정한 리더는 창조적 인재가 놀 수 있고 활개칠 수 있는 마당을 만들어주는 사람이다. 그래야 위키 싱킹이 시작될 수 있다.

29
·······

**상생의
기초는 신뢰다**

: 상생과 상극은 모두 필요하다 :

자연계에는 놀랍게도 상생(相生)의 원리와 상극(相剋)의 원리가 공
존한다. 상생은 자연 질서의 겉모습이며, 자연의 내면 질서는 상극
이다.

사물을 관찰하면 물과 불은 음양의 상징임을 알 수 있다. 만물은
생명의 근원인 물에서 태어난다. 불과 물은 불가분의 관계인데, 현
상적으로는 상극관계다. 자연의 상극은 만물을 태어나고 자라게

한다. 자연의 상극 질서는 단지 만물창조의 원리로 작용한다.

인간 역사에도 상생과 상극이 존재한다. 인간사의 상생과 상극은 인간 상호간에 발전도 주지만 원한과 갈등, 고통을 안겨주기도 한다. 상생과 상극이 얽히고설켜 더욱 복잡하고 강렬하게 작용한다. 그래서 우리 내면으로는 항상 상극의 갈등과 고통을 에너지로 만들어야 한다. 상극이 승화되지 못하면 원한이 되어 나를 파괴하는 힘이 된다. 하지만 남이 내게 남긴 상극의 고통을 승화하면 자기발전의 힘이 된다. 그 힘을 가져야 세상에 화해와 상생을 만들어내는 사람이 된다.

조개가 진주를 만드는 힘은 상극이다. 연하디연한 조갯살을 에는 모래알의 고통은 분명 상극이지만 그것을 끌어안는 조개는 진주를 만드는 위대한 승리를 하는 것이다. 다이아몬드의 원소는 탄소인데 불과 압력은 탄소에 절대 상극이다. 하지만 상극을 끌어안고 고통을 견뎌낼 때 석탄 덩어리는 최고의 가치를 지닌 보석이 된다.

상극이 있기에 상생이 있는 것이다. 상극은 서로 자극하는 것이다. 반면 상생은 서로 보충하는 것이다. 때로는 상극도 필요하고 때론 상생도 필요하다. 하지만 기본적인 토대는 상생이 되어야 한다.

: 더불어 살기 위한 신의 :

'손잡고'와 '더불어'가 'ㅂ'을 공유하고 있습니다.
더불어의 참뜻이 그러합니다.

– 신영복, 《처음처럼》

역사를 돌아보면 순수하며 바보스럽게 희생할 줄 알았던 사람이 결국엔 승자가 됨을 알 수 있다. 한국의 장기려 박사가 그랬고, 적도로 간 슈바이처가 그랬다. 가까이는 바보 같은 발상으로 가난한 이들을 구한 경제학자 무하마드 유누스도 있다.

유누스는 몇 시간 강의만 해도 몇만 달러 수입을 올리던 학자였다. 그런데 어느 날 방글라데시 빈자들의 비참한 현실을 보게 되었고, 거기서 깊은 아픔을 느꼈다. 그들은 온종일 일하고 겨우 5타카 50페이사(약 120원)를 벌었다. 더욱이 그중 5타카로는 고리대금업자들에게 빌린 돈을 갚아야 했다. 나머지 50페이사를 가지고 생활해야 했는데 먹고살기에 턱없이 부족한 액수다.

유누스는 방글라데시의 한 은행으로 달려가 왜 가난한 사람들에게 돈을 빌려주지 않느냐고 물었다. 은행원들은 어이가 없다는 듯 대답했다.

"담보가 없으니까요."

그 답변을 듣고 유누스는 그라민뱅크를 창설했다. 그리고 방글라데시를 비롯하여 여러 나라에서 수백만 명의 빈곤층을 대상으로 무보증 소액창업 대출 등의 프로그램을 운영하면서 빈곤층이 가난을 이겨낼 수 있도록 지원했다. 신의상생의 법칙으로 출발한 이 은행은 대출금 회수율이 무려 98퍼센트에 달한다. 참 바보스러웠던 이 사랑의 나눔은 지구촌 사람들의 심금을 울렸다. 유누스와 그라민뱅크는 2006년 노벨 평화상을 받았다.

사람들은 거창하게 믿음, 신뢰, 상생이라는 말을 사용하지만 정작 그것이 어떤 의미와 가치를 지니고 있는지는 잘 모른다. 그런데 가만히 생각해보면 메마른 우리 사이를 가만히 보듬어주는 말은 참 많다. 마중물이라는 단어도 그중 하나다. 그것은 내가 정말 무엇을 해도, 무슨 짓을 저질러도 날 믿어줄 이를 만나는 것과 같다. 진짜 내가 원하는 대로 나를 그대로 온전히 믿어주는 사람을 만날 수 있을까? 또 반대로 나는 누군가를 그렇게 믿을 수 있을까?

마중물이란 펌프질을 할 때 지하수를 끌어올리는 펌프에 먼저 붓는 한 바가지의 물을 말한다. 내가 필요하여 물을 펌프질해 썼다면, 다음 사람을 위해 한 바가지를 더 받아 남겨두는 배려야말로 이 땅에서 살아가는 사람이라면 반드시 지녀야 할 인생의 가치다.

박현찬의 《마중물》이라는 책에 나오는 한마디가 메마른 사막과 같은 세상을 살아가는 우리에게 생수 같은 비를 뿌려준다.

"먼저 붓는 한 바가지, 신뢰의 마중물이 우리의 인생에 작은 조약돌을 던지고, 그 변화의 물은 큰 변화의 강물로 변할 것입니다."

내가 먼저 신뢰의 마중물을 부으면, 고여 있던 샘물이 솟아올라 물줄기가 되듯이 사람들 사이의 신뢰가 강물을 이루게 된다.

: 신뢰지수와 행복 :

경제적 성공과 인간적 행복은 신뢰지수에 비례한다. 신뢰도를 측정하는 국제기구 세계가치관조사(World Value Survey)에 따르면, 한국 사람은 10명 중 3명만이 다른 사람을 신뢰한다고 한다. 이는 미국(4명) 같은 다민족 국가는 물론 베트남(6명) 같은 개도국보다 낮은 수준이다. 개인 간, 사회, 공공기관, 조직 등에 대한 신뢰도 역시 외국에 견주어 낮은 것으로 나타났다.

인생을 살다 보면 누구에게나 '저 사람을 믿을 것인가, 말 것인가'라는 선택 앞에서 머뭇거리는 때가 있다. 상대가 나를 속이지 않는다면 나도 기꺼이 상대를 믿고 협력할 텐데…. 하지만 그걸 누가 보장한단 말인가. 그래서 우리는 아주 가끔 누군가의 손을 잡을 때도 있지만, 대부분은 상대를 믿지 않는 쪽을 택한다. 무한 경쟁 시대에서 치열하게 살아가는 현대인들이 대개 박제된 가치 정도로 치부하고 있는 '신뢰'는 진정한 성공과 행복한 삶을 얻기 위해서 반드시 갖추어야 할 덕목이다.

세상을 움직이는 것은 사람이요, 사람을 움직이는 것은 서로에 대한 신뢰라고 했다. 조직과 기업에는 이익과 성과로만 따질 수 없는 무형의 가치가 있다. 그것은 바로 사람이라는 존재 자체에서 온다. 기업이 추구하는 이익 창출도 결국은 사람을 통해 이루어진다. 예컨대 아이폰의 앱 개발자는 전 세계적인 데 반해 삼성의 앱은 한국, 그것도 삼성이 만들어내는 소규모뿐이라는 점도 삼성이 시장을 확대하는 데 한계로 작용한다.

사람과 사람 '사이'에는 무엇이 있을까. 바로 약속과 믿음이다. 사람들 사이에 신뢰가 있어야 공존할 수 있다. 신뢰는 자본이다. 신뢰 구축은 더는 도덕적 당위가 아니다. 생존의 조건이다.

: 상생의 위력 :

이젠 벤치마킹의 시대는 끝났다. 톰 피터스는 퓨처마킹(future marking)의 시대가 왔다고 한다. 2013년을 살아가면서 2020년 사람들의 생각을 하는 것이 퓨처마킹이다. 퓨처마킹은 집단지성만이 만들어낼 수 있다.

하지만 집단지성이 생기려면 신의상생의 철학이 공유되어야 한다. 나만 잘살겠다는 생각을 버리고 칭기즈칸처럼 승리의 탈취물을 공평하게 나누고자 하는 신의와 상생의 원리가 자리 잡아야 롱런할 수 있다.

집단지성의 모델이 일본에 있다. 홋카이도에 가면 꼭 가보아야 할 곳이 있다고 한다. 아사히야마 동물원이다. 엎어져 잠만 자는 동물원에 가기 원하지 않는 사람들에게 눈을 확 뜨이게 한 이 동물원의 컨셉은 '능력전시'다. 즉 '동물의 능력을 보여주자!', '바로 앞에서 보게 해주자!'다. 그러한 발상의 전환에서 날아 다니는 펭귄이 등장한다. 이런 발상의 전환은 동물원의 모든 구성원이 절박한 상황에서 공동으로 만들어낸 집단지성의 결과물이다. 그럼으로써 일본 인구의 절반이 다녀간 초대박 동물원이 되었다.

아사히야마 동물원을 있게 한 원동력은 무엇인가? 동물원을 사랑하고, 동물원을 찾아오는 어린이들을 사랑하고, 그들의 마음을 이해하며 그에 맞는 아이디어를 구한 신의상생의 분위기였다.

그들이 가장 먼저 생각해낸 아이디어가 하늘을 나는 펭귄이다. 한 어린이가 던진 "왜 펭귄은 하늘을 날 수 없나요?"라는 질문에 전 직원이 브레인스토밍을 실시하여 탄생했다. 그들은 그 질문에 답하기 위해 위에서 내려다보는 펭귄이 아니라 밑에서 올려다보는 수족관을 만들었다. 마치 물 위를 헤엄치는 펭귄이 하늘을 나는 것처럼 보이게 하는 창조적인 집단발상을 한 것이다. 이 창조적인 집단발상은 그것으로 그치지 않았다. 모든 동물을 우리에 가두어놓지 않고 체험하게 하는 프로그램으로 발전시켜 그 동물원을 일본뿐 아니라 전 세계적인 동물원으로 탈바꿈시켰다.

윈윈 전략이란 미국에서 쓰기 시작한 전술 용어의 하나다. 두 군데의 전쟁을 모두 승리로 이끄는 전략을 말하는데, 요즘엔 일상에서도 자주 쓰인다.

경쟁과 약육강식의 정글 법칙만이 난무하는 시대에 상생을 논한다는 것이 우스워 보일지 모르지만, 이것이 결코 웃어넘길 단어가 아니라는 것은 상생을 실천하는 곳마다 윈윈의 기적이 일어나고 있다는 사실이 웅변해준다.

20~30년 전만 해도 시장 논리는 참 삭막했다. 경쟁자를 철저하게 흑백논리로 보아 아군 아니면 적군으로 나누었다. 아군이 아니면 모두 적군이었고, 내가 이기기 위해서 상대를 쓰러뜨려야 한다는 시각이었다.

이런 정글 같은 시장 논리가 서서히 바뀌는 사건이 일어났다. 바로 기독교적 마인드를 가진 리더십 이론가들의 등장이다. 예를 들어 피터 드러커, 스티븐 코비 등이 출현하면서 이른바 '함께 이기는 전략'이 소개된 것이다. 너 죽고 나 살자가 아니라 함께 살고 함께 이기자는 것이 윈윈 전략이다. 이후 윈윈 전략은 시장경제뿐 아니라 인간관계에서도 좋은 모델이 되어 사회적인 담론을 형성하기에까지 이르렀다. 이웃을 경쟁자로 만들지 말고 협력자로 만들면 시너지가 창출된다. 한 마리의 말이 끌면 1마력의 힘이 나오지만 두 마리의 말이 함께 끌면 2마력이 아니라 5마력의 힘이 발휘된다. 그것이 상생의 위력이다.

30

함께 가야
이긴다

: 짐 :

정호승 시인의 〈짐〉이라는 시를 읽으며 눈물이 났다. 여러분도 한 번 음미해보기 바란다.

> 내 짐 속에는 다른 사람의 짐이 절반이다
>
> 다른 사람의 짐을 지고 가지 않으면
>
> 결코 내 짐마저 지고 갈 수 없다

길을 떠날 때마다

다른 사람의 짐은 멀리 던져버려도

어느새 다른 사람의 짐이

내가 짊어지고 가는 짐의 절반 이상이다

풀잎이 이슬을 무거워하지 않는 것처럼

나도 내 짐이 아침이슬이길 간절히 바랐으나

이슬에도 햇살의 무게가 절반 이상이다

이제 짐을 내려놓고 별을 바라본다

지금까지 버리지 않고 지고 온 짐덩이 속에

내 짐이 남아 있는 것은 아무것도 없다

내가 비틀거리며 기어이 짊어지고 온

다른 사람의 짐만 남아 있다

－정호승

　혼자만 산다면 짐은 없겠지만 혼자 산다면 얼마나 재미없을까. 내가 어떤 이의 짐을 지고 가다가 너무나도 힘들고 어려울 때면 늘 생각하는 이야기가 있다. 눈이 한없이 내린 설산에 조난당한 한 무리의 사람들이 있었다. 그중엔 사고로 다리를 다친 사람이 있었는데 모두들 저만 살겠다고 뿔뿔이 흩어져서 하산해버렸다. 하지만 한 사람, 다리 다친 그 동료를 버릴 수 없었던 그 사람은 다리를 다친 동료를 등에 업고 힘겹게 한 걸음 한 걸음 산을 내려오게 되었다. 해가 저물고 눈보라는 더 매섭게 몰아치는데 밤새도록 터벅터벅 내려갔다. 만약 설산에서 잠이라도 든다면 얼어 죽을 것이 분명했기에 한숨도 자지 못하고 천천히, 천천히 눈길을 걸어 내려왔다. 그런데 얼마나 왔을까? 어느덧 동녘에선 여명이 밝아오는데 바로 눈앞에 사람이 쓰러져 있는 것이 보였다. 그것도 한 명이 아니라 여기저기 시체가 즐비했다. 얼른 달려가서 보니 눈 속에 파묻혀 있는 것은 먼저 간 동료들이었다. 자기들만 살겠다고 산을 내려간 사람들이 추위와 어둠에 지쳐 깜빡 잠이 들었다가 그대로 동사하고 만 것이다. 하지만 다리를 다친 동료를 업고 내려온 그는 등에 업힌 친구 탓에 힘은 들었지만 춥기는커녕 땀이 흠뻑 젖을 정도가 되었다. 그래서 오히려 추위와 외로움을 이길 수 있었다.

때론 다른 사람이 내게 짐이 되어 힘들고 어려워도 그 짐 때문에 내가 더 강해지고 또 살아야 할 이유를 만들 수 있다. 짐은 짐이 아니라 축복이다. 축복은 희생의 결과로 오는 것이다. 혼자 잘사는 것보다 같이 조금 사는 것이 축복이다. 상생은 우리 삶에 더 친밀하고 익숙한 정서임이 분명하다.

: 짐이 아니라 축복임을 깨닫다 :

자폐아였던 김진호 군을 세계적인 수영선수로 길러낸 어머니 유현경 씨 역시 그런 고백을 했다. 2008년 가을 뉴스를 보던 사람들은 다소 흥분했다. 체코 리베레츠 시에서 열린 세계장애인수영선수권 대회에서 당시 열아홉 살이던 한국의 김진호 군이 2분 24초 49로 배영 200미터에서 금메달을 획득했다는 소식 때문이다.

사실 진호 군은 이 대회에 출전하기 전부터 인기스타였다. 몇몇 프로그램을 통해 그의 이야기가 알려졌고, 모 방송국의 한 프로그램은 그의 이야기를 몇 주에 걸쳐 시리즈로 방영하기도 했다. 그때 사람들의 마음에 가장 큰 감동을 주었던 것은 바로 진호 군을 이렇게까지 키워낸 그의 어머니 이야기였다. 자폐아동을 수영선수로 길러내기까지 유 씨의 삶은 온통 희망과 절망, 환희와 분노, 고통과 기쁨 사이를 극단적으로 오르내리는 숨 가쁜 시간이었기 때문이다.

그 영광이 있기 전 어느 날, 그녀는 신발을 벗어 베란다에 가지런히 둔 채 11층 아파트 아래를 내려다보았다. 거기에는 피를 흘린 채 너덜거리는 자신과 아들의 시신이 놓여 있고 동네 사람들이 모여들어 웅성거리고 있었다. 경찰차의 비상등이 깜빡거리고 구급차가 달려와 둘의 시신을 들것에 옮기고 있었다. 실제로 그런 일이 일어나는 게 그리 어려울 것도 없었다. 곧바로 아들 방으로 달려가 손을 잡고 가볍게 뛰어내리기만 하면 될 테니까.

사면초가에 갇혀 바라본 진호는 그녀 인생의 적이었다. 그녀가 가야 할 길을 빈틈 하나 없이 막아버린 커다란 바윗덩어리였다. 진호가 땅바닥을 데굴데굴 구르며 광란을 벌이면 그녀는 "죽어, 차라리 죽어버려!"라고 외치며 사정없이 때리기도 했었다.

　그러다가 남편과 함께 처음 교회에 나갔는데, 그날을 결코 잊지 못한다고 했다. 자리에 앉는 순간부터 부부는 하염없이 흘러내리는 눈물을 감당할 수가 없었다. 설교를 이해하지도 못하면서, 또 주위에서 어떻게 바라볼지 의식하지도 못한 채 무려 한 시간이나 눈물을 펑펑 쏟아낸 것이다. 밤이 깊도록 절망의 맨 밑바닥에서 공포의 울음을 울었다. 얼마나 지났을까, 땀으로 뒤범벅이 된 그녀의 몸이 불덩이처럼 뜨거워지고 온몸에 전율이 왔다. 심장을 가르는 진호의 괴성이 들려왔다. 그런데 그건 괴성이 아니었다. 그건 하나님의 음성이었다. 진호를 있는 그대로 받아들이라는 하나님의 명령이었다. "그 아이는 내 것이다. 사랑하는 나의 자녀다. 네 소유라는 생각을 버리고 내가 맡겨준 대로 키워라. 그 아이에게 나의 계획이 있다…"

　결국 그녀는 진호가 짐이 아니라 하늘이 내린 축복이요, 사랑이라는 것을 깨달았다고 했다. 오히려 진호가 있었기에 삶을 낭비하지도 않았고 상처받고 더 소외된 다른 사람을 따뜻한 시선으로 바라보게 되었기 때문이다.

: 윈윈은 이모작 경영 :

몇 년 전 미국의 한 일간지에 '교회 의자에서 팝콘을 먹는 다!(Popcorn in the pews!)'라는 제목의 기사가 떴다. 발로 윌로우 크릭교회 이야기다. 미국의 일리노이 주에 있는 윌로우크릭교회 가 1975년부터 인근 극장에서 125명의 신도와 함께 예배를 드리 기 시작한 것이 기초가 되었다. 개척하기엔 아직 여력이 없던 당시 빌 하이빌스 목사는 음향 시설과 쾌적한 의자, 대형 스크린이 마련 된 영화관을 대여하게 되었다. 즉, 교회는 극장을 예배 장소로 빌 리고, 극장은 이를 통해 수입을 올린다는 윈윈 전략이었다.

이러한 윈윈 전략을 응용하면 하나의 가게에서 두 업종으로 2배 의 매출을 올리는 이모작 경영이라는 새로운 트렌드와 만나게 된 다. 즉 평일에는 커피를 파는 카페였다가 주말에는 파티, 공연장으 로 바뀌는 카페가 그런 예 중 하나다. 같은 장소를 두 사람이 같이 빌려 낮에는 커피숍으로, 밤에는 근사한 레스토랑으로 운영하는 것도 유지비를 서로 줄일 수 있어 이득이다.

그런데 이렇게 되기 위해서는 신뢰가 절대적으로 필요하다. 신 뢰와 신의가 없이는 이 윈윈의 관계가 이어질 수 없다. 낮에 장사 하는 사람은 밤에 장사하는 사람을, 밤에 장사하는 사람은 밤에 장 사하는 사람을 신뢰하고 배려할 때 그리고 서로 자신이 먼저 손해 를 감당하려고 할 때에만 상생관계는 지속될 수 있다. 이럴 때 윈플러스 원은 둘이 아니라 셋 이상이라는 것을 알게 된다.

《마중물》이라는 책에 나오는 다음의 글이 누가 먼저 신뢰의 다리를 놓을 것인지 가르쳐준다.

"사람 사이에는 믿음이 있어야 한다고 하죠. 하지만 그 믿음은 누군가에 의해 처음 시작되어야만 합니다. 믿는다는 거, 아무래도 내가 먼저 믿어야만 될 것 같아요. 그래야만 상대방도 나를 믿게 되겠지요. 그렇게 시작된 한 사람의 믿음은 사람과 사람 사이에 퍼지면서 결국 신뢰의 커다란 그물을 만듭니다. 우리 모두를 담을 수 있는 거대한 그물말입니다."

열정과 끈기를 갖췄다면
못 할 일이 없다

신약성경을 읽어보면 예수께서 가장 강조하셨던 말씀이 '믿음'이라는 것을 쉽게 발견할 수 있다. 예수의 논리는 간단하다. 사탄은 인간에게 불신과 의심이라는 씨앗을 심는 데 성공했고, 선악과로 상징되는 이 불신의 원죄는 인간에게 절망과 불가능이라는 어두운 그림자를 영원토록 지고 가게 만들었다는 것이다. 그래서 인간에게 필요한 것은 '할 수 있다'는 믿음이고, 그 작은 믿음만 있으면 산을 옮기며 뽕나무를 바다에 심을 수 있는 기적이 일어난다는 것이다.

나는 이 믿음을 1퍼센트의 원리라고 생각했다. 우리 몸에 암이 생기는 원리도 이와 비슷하다. 처음에 한 개의 암세포가 우리 몸에 있는 경찰세포의 포위망을 뚫고 몸 안에 자리를 잡는 데서부터 시작된다. 그러므로 우리가 암을 이기고 온전히 건강한 몸이 되는 원리 역시 암을 이기는 항암세포가 암덩이를 공격해 최초의 승리를 경험하는 데서부터 시작된다. 시작은 미약하고 작지만 살아 있는 모든 것은 성장하고 변화한다.

그런 관점에서 나는 나만이 가질 수 있는 1퍼센트를 찾아 그것을 끝까지 붙들라는 긴 이야기를 지금까지 반복해서 했다. 당신에게 숨겨진 1퍼센트의 미약한 그것이 당신을 완전히 변화시키는 데에는 열정과 끈기라는 에너지가 필요하다. 빌 게이츠나 스티븐 스필버그, 타이거 우즈, 김연아 등 한 분야에서 독보적인 성과를 이룬 이들을 한마디로 정의하자면 열정의 사람들이라 할 수 있다. 옆에서 지켜보면 현기증이 날 정도의 열정이 그들에게서 뿜어져 나온다.

열정도 때론 좌절을 만난다. 좌절은 내부에서 시작되기도 하고 외부에서도 들어오기도 한다. 한글을 창제하려고 했을 때, 거북선을 만들어 왜적을 방어하고자 했을 때 사람들은 비웃었고 코웃음을 쳤다. 하지만 위대한 천재는 시간이라는 고통스러운 약을 사용하여 좌절을 이겨낸다. 압박을 가해오는 스트레스를 견뎌내고 끝까지 붙들고 늘어지는 끈기가 고농축 1퍼센트를 만들어낸다. 그리하여 마지막 1°C가 가해지는 순간, 펄펄 끓게 되는 것이다.

이 책이 나오기까지 물심양면으로 도움을 준 아내와 가족에게 깊은 감사의 마음을 전한다. 그리고 북포스 방현철 사장님께도 부족한 글을 끝까지 마무리하도록 도와주신 은혜에 깊은 감사를 드린다. 이제 막 연애를 시작한 둘째 딸에게도 신의 가호가 있기를 기도한다.